마지막
나의 말

마지막 나의 말

- The last of My words -

김도연 저

바른북스

하느님 나라로의 초대

"세상에 전하는 나의 말
내 사랑과 축복을 담은 말이다.
이 글은 생명을 줄 것이며
나의 가르침을 온 세상에 알리겠다."

(24. 01. 04. 주님과 나의 대화 중에)

이 글은 주님께서 당신의 자녀들에게 내리시는 축복과 선물입니다.

2023년 7월, 이 일에 관하여 처음 주님의 부르심을 받게 되었습니다.

하느님의 말씀을 전하는 일과 주님의 현존과 사랑을 온 세상에 알려야 한다는 사명이었습니다. 그리고 제가 지금까지 주님께 받아온 사랑을 다른 많은 이들에게 나누고 갚아야 한다고 말씀하셨습니다.

"이 세상을 더 사랑하여라. 네가 받은 사랑을 모두 갚아라."

"나와 함께 많은 불쌍한 영혼을 구원하자."

(주님과 나의 대화 중에)

처음에는 주님께서 저에게 무엇을 원하시는지 그리고 이 일에 관한 주님의 의도를 전혀 알지 못했습니다. 계속되는 부르심에 저는 굴복하였고 결국 하느님의 구원 사업에 따르기로 약속과 다짐을 드리면서 시작되었습니다.

8월 초부터 본격적으로 주님의 말씀을 매일 듣고 기록하면서 저도 서서히 주님의 가르침과 이 글을 쓰도록 하신 이유를 조금씩 깨닫게 되었습니다. 이 글은 주님을 떠난 자녀들을 다시 일깨우시며 돌아오도록 부르시는 글입니다.

저의 경험 즉, 성령 체험과 주님과의 대화, 저의 느낀 점과 권고를 이 책에 담도록 명하셨습니다. 이 글은 제가 썼지만 실제로는 모두 주님의 지시로 이루어졌으며 함께하신 일입니다.

PART I은 저의 삶 속의 체험과 성령으로 가르침을 받은 내용들입니다. 제 경험이 그렇게 특별하지는 않을 수 있습니다. 그러나 대부분의 많은 사람들이 믿지 못할 것이라고 생각이 들기도 합니다. 그렇기에 저도 그동안 다른 사람들에게 쉽게 말하지 못했던 내용입니다.

주님께서 저에게 제 경험을 쓰도록 지시하신 이유는, 이 세상의 모든 자녀들이 너무나 주님을 알아보지 못하고 찾지 않기 때문이었습니다. 우리에게 많은 축복과 평화의 선물을 주시지만 저희가 느끼지 못하고 있기에 알리게 하셨습니다.

"삶에서 나를 발견하도록, 너희의 삶은 혼자가 아니다."

(주님과 나의 대화 중에)

저의 이 체험은 제가 특별해서가 아니며 주님께서 저만 사랑하기 때문은 더더욱 아닙니다. 주님께서는 모든 세상의 자녀들을 똑같이 사랑하시며 돌보시고 지켜주십니다.

PART Ⅱ는 주님과 저와의 대화 내용을 기록하였습니다. 2023년 8~9월경에 매일 아침이나 잠들기 전, 기도 후 묵상 중에 주님의 말씀을 들으며 곧바로 받아 적은 글입니다. 길지 않은 약 5~30분 이내의 대화였고 주님께서 지시하시는 말씀과 제가 궁금해한 점에 대해 알려주신 말씀입니다.

저는 지극히 평범한 사람으로서 글을 써본 적도 없는 사람이며 제 생각을 알리고 싶은 생각도 전혀 없었던 사람이었음을 말씀드립니다.

이 글은 오로지 주님께서 직접 지시하신 말씀으로 수정조차 하지 않았습니다. 또한 이 글은 온 세상에 전하는 주님의 선물이며 마지막 구원의 말씀이십니다.

이 시대 우리에게 내리신 엄중한 경고이며 앞으로 올 일들을 대비시키는 지침서입니다.

우리가 사는 이 세상이 전부가 아니며 지금 깨어 있으라고 자녀들에게 사랑으로 호소하시는 말씀입니다. 모든 사람이 이해하기 쉽도록 명확하게 가르쳐 주셨으며, 주님의 모든 것을 보이시고 내놓으신 성령의 말씀입니다.

PART Ⅲ은 주님께서 저에게 권고의 글을 담도록 지시하신 내용입니다. 제가 누군가를 가르칠 만한 자격이 없는 사람이기에 솔직히 어렵고 곤란한 일이었습니다.

그러나 주님과의 대화를 나누며 이 글을 쓰고 있는 현재까지도 저는 주님과의 대화를 이어가고 있습니다. 특별한 대화는 아니더라도 언제나 사랑과 힘을 주시고 주님의 가르침을 받고 있습니다. 저 역시 주님의 말씀을 통해 당신의 사랑과 고통을 깊이 느낄 수 있었고, 우리에게 무얼 바라시는지 알 수 있었기에 권고의 글을 쓸 수 있었습니다. 이 또한 저의 생각과 말이 아닌, 대부분 주님께서 제게 일러주신 말씀을 토대로 작성하였습니다.

이 글을 세상에 알리는 것은 저에게 너무나 두렵고 감당하기 힘든 큰 사명입니다. 그러나 주님의 구원 사업에 도구로 참여하게 된 것이기에 무엇과 바꿀 수 없는 영광스러운 일입니다. 어쩌면 제가 원하던 일이었는지도 모르겠습니다. 이 글을 통해 주님을 증거하며 주님의 사랑과 현존을 사람들에게 알리는 일이니까요. 그리고 이 일은 제가 주님과 많은 사람에게 받기만 했던 사랑을 다시 모두에게 갚을 수 있는 기회이기도 합니다. 제가 받은 사랑을 갚지 못하고 세상을 떠난다면, 주님을 뵈었을 때 면목이 없을 테니까요.

주님과 함께하는 길, 주님께서 내어주시는 길이라면 기쁘게 그 길을 따를 것입니다.

이 글을 읽으시는 모든 분께 주님의 성령이 함께하시길 빕니다. 주님의 품에서 따뜻한 위로와 참평화를 발견하시기를 바랍니다.

세상의 모든 사람이 주님의 선물을 받고 하느님의 나라로 초대받기를 간절히 기도하겠습니다.

| 차례 |

PART 2.
마지막 나의 말

PART 3.
주님께서 알려주신 권고

맺음말

The last of My words

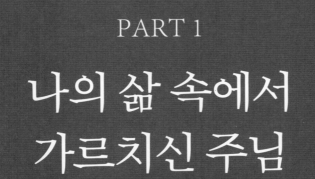

PART 1

나의 삶 속에서
가르치신 주님

01.

두려워하지 마라,
너는 너의 길이 있다

처음 하느님과 관련된 꿈, 하늘에서 가장 아름다운 목소리로 내게 말씀하셨다.

• 꿈

꿈속에서 나는 초등학생 어린 시절이었다. 운동회가 한창 열리고 있었고 운동장에는 사람들로 꽉 차 있었다.

많은 학생들과 학부모들이 함께한 큰 행사로 활기차고 시끌벅적한 분위기였다. 날씨도 화창하고 눈부시게 맑은 날이었다.

나는 백 미터(100m) 달리기 시합에 선수로 참여했고 출발 전 준비 중이었다. 많은 사람들이 우리에게 집중하며 열띤 응원을 하고 있었다. 매우 긴장된 순간이었다.

경기가 시작되었고 나는 최대한 열심히 뛰었지만, 얼마 되지 않아 맨 꼴찌에서 1, 2등을 다투고 있었다.

바로 그때, 하늘의 구름 사이에서 강한 빛기둥이 나에게 내리쬐었다. 그 빛은 하늘에서 오직 나에게만 집중되었고 둥근 원형

빛기둥 안에 내가 서 있었다. 마치 솔로 가수가 무대 한가운데에서 조명을 받듯이 빛은 나만을 감쌌다.

　나는 달리다가 멈춰 서서 하늘을 올려다보았고 그때 하늘에서는 태양처럼 강한 빛과 함께 나에게 말씀하셨다.

　그 말씀은 큰 소리로 아름답게 울려 퍼졌다.

"두려워하지 마라. 너는 너의 길이 있다."

　하늘에서 울려 퍼진 그 말씀은 그곳에 모인 사람들은 모두 들을 수 있을 정도로 크고 또렷하게 들렸지만, 안타깝게도 나만 들을 수 있었고 다른 사람들에게는 들리지 않았다. 모두 듣지 못하고 제각각 자신들의 일을 하고 있었다.

　하늘에서 말씀을 하시는데 이 말씀을 나만 듣다니…

"지금 하늘에서 말씀하고 있잖아. 제발 이 말씀을 좀 들어봐!"

　아무것도 듣지 못하고 앞을 향해 달리고 있는 친구들과 각자 할 일을 하는 많은 관중들에게 있는 힘껏 고함을 쳤다. 하늘에서 지금 말씀하고 계신다고…

· **현실**

　꿈에서 고함을 지르다 잠에서 깨어났고 눈을 떴을 땐 아침이었다.

시험 기간이라 걱정을 하고 있어서 이런 꿈을 꾼 거라고 생각했지만, 꿈이라 하기엔 하느님의 말씀이 너무 선명했기에 꿈이 아닌 하늘에서 직접 나에게 말씀하신 것만 같았다.

하늘에서 울려 퍼지는 위엄 있는 목소리와 또렷한 말씀, 하느님의 목소리는 내가 듣던 어떤 사람의 목소리보다 따뜻하고 아름다웠다. 신기하게도 하느님께서는 직접 우리나라의 언어(Korean)로 말씀하셨다. 놀랍고도 기분 좋은 꿈이었다.

'하늘에 하느님이 계시는구나!'
'하느님께서 나에게 직접 말씀하시다니!'

그러나 이후 생각할수록, 하느님께서 하신 그 말씀은 점점 부담스러웠고 여러 의문이 들었다. 주님께서 말씀하신 "너의 길이 있다."라는 뜻이 사람들에게 미리 정해진 운명이 있다고 하신 말씀인 건지, 아니면 주님께서 새로운 내 삶의 길을 내신다는 말씀인 건지 알 수 없었다.

'주님께서 저의 길을 바꾸시겠다는 것인지요?'
'혹시 제가 수녀가 되길 바라시는 건가요?'

이 꿈속에서 하신 말씀은 중요한 말씀 같았지만, 무슨 의미로 하신 말씀인지 도무지 알아내지 못했다. 시험 기간에 잠시 위로를 받았을 뿐, 현실에서 달라질 것도 없었다.

'주님께서 제가 수녀가 되길 원하신다면, 저를 잘못 보신 것입니다. 저는 그렇게 순종적이며 착한 사람이 아닙니다.'

주님을 따르는 길은 한 번도 생각해 보지 않은 길이었고 나는 자유분방하며 고집도 센 편으로 누군가에게 순종적인 성격이 아니었다.

호기심이 많은 나는 세상에서 하고 싶은 많은 일들을 놓치며 살고 싶지 않았고 주님을 위해 봉사하며 남을 위해 나를 바치며 살 자신도 없었다. 그땐 그렇게 평범한 나의 길을 가겠다고 생각했고 더 이상 깊이 고민하려고 하지 않았다.

그러나 어릴 적 꿈에서 하신 그 말씀은 지금까지 살아오면서 한 번도 나를 떠나지 않았고 잊히지 않았으며 문득문득 떠오르는 말씀이었다.

그럼에도 불구하고, 나에게 말씀하셨던 '너의 길'이라는 그 길이 확실하게 보이지 않았고, 결국 말씀하신 그 길은 주님과 관련된 길이 아니라고 생각했다. 하느님께서는 모든 사람들이 이 세상에서 살아갈 수 있도록 각자에게 내어준 길이 있다는 의미로 받아들였다.

이 글을 쓰고 있는 지금, 30년이 지나서야 그때 하신 말씀의 이유와 목적이 무엇이었는지 조금씩 깨닫고 있다.

주님의 말씀을 듣는 것, 주님의 존재를 알게 하신 것은 분명 나에게 원하시는 사명이 있으셨고 주님과 함께하는 길을 따르라는 부르심이었다. 돌고 돌아서 정말 오래 지나서야 그 길이 무엇인지 묻고 있고, 하느님과 함께하길 청하고 있다.

그 길이 어떤 길이든 어디든 하느님과 함께 갈 수 있는 길이라면 저를 그 길로 인도하여 주시길…

이 글을 쓰면서 또 하나 느끼는 건, 꿈속에서 하느님의 말씀을 듣지 못한 사람들에게 고함을 지르며 말씀을 들어보라고 외쳤던 안타까웠던 상황이 지금 이 현실에서의 나의 마음과도 참 일치하고 있다는 것이다.

우리 곁에 계시고 모든 걸 보여주시는데 왜 아무도 보지 못하고 듣지 못하느냐고.

"두려워하지 마라. 너는 너의 길이 있다."

02.

예수님 재림 꿈

대학 시절 어느 날 꾼 꿈이다.

친구들과 늦은 오후까지 술을 마신 후 집으로 향하던 중이었다. 기분 좋게 친구들과 집으로 돌아가는 길은 높은 지대여서 저 멀리 아래로는 산에 둘러싸인 화려한 큰 도시가 멋있게 펼쳐져 있었다.

갑자기 온 세상이 해와 달, 별이 없는 완전한 암흑으로 바뀌었다. 짙은 암흑 속, 하늘에서 번개와 천둥이 시작되었고 곧 온 하늘이 번개로 뒤덮였다. 그야말로 셀 수 없이 수많은 번개가 하늘을 덮은 그 광경은 말로 표현할 수 없을 정도였다.

하늘(천체)은 엄청나게 흔들렸고 마치 곧 무너져 내릴 것 같았다. 번개가 번쩍일 때의 빛으로 어둠 속의 사람들을 볼 수 있었는데 모든 사람들이 처음 느끼는 공포로 움직이지도 못한 채 두려워 떨고 있었다. 이때에는 모든 사람이 세상의 종말이 왔음을 직감할 수 있었다.

예상하지 못한 순간에 갑자기 다가온 절망감, 그리고 죄에 대한 심판의 공포감으로 두려워 떨고 있었다. 암흑 속, 누군가의 도움도 없는 이 세상에 완전히 혼자가 된 것 같았다.

하늘의 검은 구름이 빠른 속도로 흩어졌고 점점 예수님께서 구름 사이로 모습을 드러내셨다. 캄캄한 하늘, 구름 속에서 점점 가까이 다가오시면서 선명하게 모습을 드러내셨는데 나는 멀리서부터 곧바로 예수님께서 나타나심을 알아볼 수 있었다.

예수님의 몸은 태양처럼 빛이 났고 암흑 속에서 구름에 쌓여 점점 가까이 다가오셨는데 구름 사이사이로 예수님의 빛이 새어 나오면서 흑백의 명암 사진처럼 예수님의 형상을 보았고 가까울수록 점점 더 선명한 빛으로 드러나셨다.

세상은 어둠이었지만, 하늘은 태양처럼 빛나는 살아 계신 예수님의 모습이 완전하게 드러났다. 하늘과 땅, 어둠과 빛으로 명백히 나뉘었다. 지금까지 우리가 알던 세상이 순식간에 암흑과 심판대로 바뀌었다. 살아 계신 예수님께서 우리 앞에 갑자기 모습을 드러내시는 것과 이 세상에서 직접 신을 마주한다는 것은 너무 큰 두려움과 공포였다.

예수님께서 완전한 모습을 세상에 드러내셨을 때는 빛이 너무 강렬하여 잠시도 쳐다볼 수 없었고 권능과 영광에 사람들은 감히 고개를 들 수도 없었다. 사람들은 뒤로 쓰러지거나 땅에 엎드려 떨고 있었다.

아주 잠깐 본 예수님은 엄청 강한 빛에 쌓여 있었고 흰옷에 가슴에는 금색으로 띠가 있었다. 예수님께서는 이 세상과 우주의 주인이셨고 인간은 너무나 보잘것없는 아무것도 아닌 존재였다.

예수님의 재림을 보며 모든 사람들은 자신의 죄를 깨닫게 되며, 심판을 내리실 주님 앞에서 두려워 떨며 자신의 죄를 뉘우치고 있었다.

꿈속에서 다시 다른 장면으로 바뀌었다.

나는 이 충격으로 길에서 정신을 잃고 쓰러져 있었고, 내가 깨어나는 동안 친구들이 옆에서 지켜주고 있었다. 재림의 장면, 무서운 마지막 날의 모습은 나만 겪은 일이었고 같이 있던 친구들은 아무것도 보거나 느끼지 못했다. 세상은 아무 일 없는 듯 평화로웠고 일상의 모습이어서 천만다행이라고 생각했다.

한 친구는 내가 기절해 쓰러져 있는 동안 계속해서 잘못을 빌며 회개(반성)를 했다고 말해줬고, 다른 친구는 내가 방언을 했다고 말해줬다. 그 당시 나는 회개와 방언에 대해서도 전혀 알지 못했다. 꿈속 친구들이 해주는 말을 듣고 잠에서 깼다.

• 현실(아침)

잠에서 깨어보니 아침이었다. 이 모든 게 꿈이었지만 보통의 꿈과는 너무 달랐다.

'이 모든 게 꿈이라고? 나에게 왜?'

꿈이라서 너무 다행이었지만 나는 완전히 충격에 빠졌었다.

최후의 날, 재림에 관한 꿈이었고 빛이신 예수님을 만난 꿈, 이제까지 겪어보지 못한 너무 두려운 꿈이었다. 어떠한 공포영화와도 비교할 수 없을 만큼 나에겐 어마어마한 꿈이었다.

깨어나서도 진정이 안 되었다. 너무 놀라웠고 불안과 공포감에 헐레벌떡 엄마에게 뛰어갔다.

바쁜 엄마에게 가서 정신없이 꿈 이야기를 했고 예수님이 이렇게 무서운데 맞으신 걸까? 하고 물었다. 너무나 두려운 모습의 예수님이 정말 믿어지지 않았다.

"꿈에서 예수님이 벼락과 천둥을 치셨고 해가 없어졌어. 하늘에서 갑자기 예수님이 나타나셨는데 너무 무서웠어…."

부엌에서 아침 식사 준비 중이시던 엄마에게 다짜고짜 물었다. 그 시각 엄마는 내 이야기를 자세히 들으려 하지 않으셨고 실망스럽게도 놀라워하지도 않으셨다.

'방금 난 엄청난 꿈을 꾼 거라고. 아니, 꿈이 아닌 놀라운 걸 보았다고!'

잠시 생각하시던 엄마는 오늘이 예수님께서 돌아가신 날인데 알고 있었냐고 물으셨고 성당에 다니지 않고 놀러만 다녀서 꿈속에서 무섭게 나타나신 것 같고, 그래서 혼내신 것 같다고 말씀해 주셨다.

예수님이 맞으실까? 라는 질문에는 예수님이 맞는 것 같다고 말씀해 주셨다.

그 뒤 바로 아빠에게도 꿈 이야기를 했지만 출근 전 바쁜 상황이었고, 역시나 이야기를 잘 들으려 하지 않으셨다. 나도 더 이상

이야기하지 않고 내 방으로 돌아왔다.

'아… 꿈이라지만 아무도 믿지 않구나.'

나에겐 엄청난 꿈이지만 가족들은 전혀 관심이 없었고 날 믿어주는 표정이 아니었다. 어떻게 이런 꿈에 놀라워하지 않는지, 들으려고 하지 않는지 나는 이해할 수 없었고 곧바로 실망감이 들었다.

이 꿈은 평소와 차원이 다른 꿈이었고 사실적이었다. 무엇보다 꿈으로만 받아들이기에 스케일이 너무도 컸다. 나의 두려운 감정도 생생했다. 어쩔 수 없이 이제 스스로 알아내야 했다. 내가 궁금한 모든 걸 알아내야 했다. 정신없이 여러 가지 질문들이 머릿속을 스쳤다. 모든 게 궁금해서 미칠듯한 기분이었다. 필요한 답을 하나도 얻지 못하고 급히 성경책을 찾아 내 방으로 돌아왔다.

일단 성경책을 들고 손이 가는 대로 아무 곳이나 펼쳤다. 내 질문들이 그렇게 하나하나 시작되었다.

이 꿈은 세상의 멸망, 앞으로의 일들, 그리고 나에게 분명 경고의 메시지를 담고 있는 것 같았다. 꿈에서 본 내용은 짧았지만 충격과 흥분이 계속 가라앉지 않았고 나의 머릿속에서는 끊임없이 많은 질문이 마구 쏟아지고 있었다.

나는 무의식중에 하느님께 질문을 던지고 있었다. 간절하게 그리고 무조건 답을 받아야만 했다.

먼저 질문 한 가지를 생각하고 고민할 겨를도 없이 일단 손이 가는 대로 거침없이 성경책을 펼쳤다. 손에 잡히는 대로 아무 페이지나…

성경을 펼치고 그 순간 눈길이 가는 대로 읽기 시작했다. 그러자 놀랍게도 바로 내가 생각한 질문의 답이 보였다. 정확히 그 대답이었다.

'어… 뭐지?'

펼친 페이지를 읽자마자 모든 게 보이고, 깨닫게 되고 궁금증이 풀렸다. 이 순간 내 온몸과 정신은 바짝 긴장을 하고 있었고, 신비하고 강한 힘이 내 온몸을 감싸며 흐르고 있었다. 머리카락까지 모두 곤두서는 느낌이었다. 나도 모르게 계속 다음 질문을 생각하며 성경책을 펼쳐나갔다. 그제야 알 수 있었다.

지금 일어나고 있는 이 일은 기적이라는 것을…

펼쳐진 페이지를 눈길이 가는 대로 엄청 빠른 속도로 읽어 내려갔고 바로 질문에 대한 정확한 답을 받았다. 성경 말씀의 숨은 뜻과 내용이 전부 해독이 되었고 예수님께서 하시는 말씀이 무엇인지 확신 있게 알 수 있었다. 계속해서 생각나는 질문들이 많았고 그 모든 답을 받아야 했기에 정말 다급한 순간이었다. 나도 모르게 성령(그때는 성령을 잘 몰랐지만)의 힘이 사라지기 전 모든 답을 받고 싶었다.

나는 기적을 체험하고 있음을 알았고 놀라웠지만 침착하게 계속해서 다음 질문을 생각하고 성경을 펼쳤고 또 답을 받았다.

그 답들은 내가 성경책을 읽고 이해한다기보다 내 질문들에 대해 성령께서 즉각적으로 답을 알려주신 것 같다. 내가 떠오르는 생각과 함께 바로 페이지를 펼쳤기에 단 1초도 걸리지 않은 시간에 정확한 질문의 답을 알려주셨다. 그렇게 계속해서 떠오르는 모든 질문을 했고 모두 정확한 답을 받았다.

난 그동안, 성경을 제대로 읽은 적이 단 한 번도 없고, 성령이 무엇인지도 몰랐으며 어릴 적 누구나 받는 교리도 제대로 받은 적이 없었다. 예수님의 재림에 관하여도 전혀 알지 못했다. 하지만 그 순간에 예수님께서 질문에 대해 정확히 답을 알려주신다는 걸 나는 느낄 수 있었고 이런 기적의 체험이 너무나 놀라웠다. 그리고 이런 기적이 가능함을 알게 되었다. 나에게 알려주신 답은 모두 성경책을 통해 성령으로 직접 모든 걸 깨닫게 해주셨다.

그 체험을 하는 동안 내내, 나의 온몸은 성령의 전율이 머리부터 발끝까지 흐르며 떨리고 있었다. 중간중간 나도 있을 수 없는 일, 그 누구도 믿지 못할 일, 말도 안 되는 일임을 알고 있었다.

'난 지금 기적을 체험하고 있어… 갑자기 천재가 된 건가?'
'엄청 빠르게 성경을 읽고 하느님과 세상의 진리를 깨닫고 있어!'

성령께서는 아낌없이 진리를 알려주셨다. 내 머릿속의 모든 궁금한 것도 어쩌면 내가 생각한 것이 아닌 예수님께서 내가 궁금해할 모든 것을 중요한 순서대로 빠르게 알려주신 것 같았다. 다른 사람들은 모두 믿지 못하겠지만 단 몇십 분 만에 성경책의 핵심 내용을 그 순간에 모두 깨달아 버렸다.

현실에서 나에게 일어난 첫 번째 기적이었다.

궁금한 질문이 더 이상 생각나지 않을 때쯤 서서히 성령이 사라짐을 느꼈다.

마지막으로 『요한묵시록』의 부분을 빠르게 읽었고, 그 내용을 이해하지 못했지만 전쟁영화의 한 장면과 같은 영상을 보며 끝이 났다.

『성경』은 비밀의 책이었다.

'이 성경책 속에는 무엇을 담고 있는 걸까?'

예수님 꿈을 꿨고 그날 아침에 기적을 체험하였다.

'어떻게 나에게 이런 일이 일어날 수 있을까⋯.' 이 모든 것이 이해가 되지 않았다.

'왜 내게 이런 꿈과 기적을 보여주신 걸까⋯.' 그 순간부터 내가 알던 세상이 모두 달라졌다.

하느님의 또 다른 세상을 알고 난 후, 이 세상은 우물 안처럼 작은 세상임을 알았다. 그날의 꿈과 기적은 내 인생의 한 획을 그은 가장 큰 사건이었다.

꿈속에서 나는 예수님 재림의 모습을 보았다. 지금도 잊을 수 없는 너무나 분명하고 자세하고 사실적인 꿈이었다. 그리고 엄청난 두려움과 공포를 동시에 겪었고 체험했다.

그 꿈은 마치 꿈이 아니라고 말하는 듯 현실에서 곧바로 이 모든 것이 사실임을 확인시켜 주었다. 성경책과 성령으로⋯

'갑자기 이런 일이 생긴다고? 또 이렇게 쉽게, 빠른 속도로 진리를 터득했다고?' 나도 어이없는데 누가 내 말을 믿어줄까… 잠시 미쳤다가 정확히 현실로 되돌아왔다. 뭔가 복잡해졌고 '이 세상은 뭐지?'라는 의문만 생겼다. 그러나 분명한 건, 기적이 존재하고 하느님과 예수님께서 살아 계시며, 세상의 진리가 하느님을 믿는 것이었다. 우리가 알고 있는 이 세상이 전부가 아니었다.

지금부터는 내가 그때 받은 성령으로 알게 된 주된 내용들이다. 오래전 일이라서 모두 기억하지 못하지만, 그때 알게 된 중요한 내용만 적어보았다.

1. 하느님, 유일하시고 살아 계시며 다스리시는 분

(이 세상을 창조하셨고 모든 만물과 나의 주인이신 하느님)

2. 하느님은 신, 인간은 종

(비교 불가의 관계, 인간과 개미처럼 비교가 될 수 없다. 인간은 너무나 미약하고 작은 존재이고 우리 인간은 하느님의 피조물이다)

3. 부활하신 예수님께서 마지막 날에 재림하신다.

(마지막 날, 빛에 쌓인 예수님께서 영광의 모습으로 다시 이 세상에 모습을 드러내신다)

4. 예수님께서는 이 세상의 모든 사람을 너무 사랑하신다.

(이 세상에 사는 우리를 불쌍히 여기시며 우리의 구원을 바라신다)

5. 하느님께서 우리의 아버지, 우리 모두는 형제, 자매이다.

(하느님께서 우리를 창조하신 아버지이시며, 세상의 모든 인간은 같은 형제, 자매)

6. 우리 모두 언젠가 마지막 날에 심판을 받게 된다.

(이 세상은 우리의 시험대이며 우리가 살아온 대로 천국과 지옥으로 나뉨)

7. 이 세상과 저세상(죽은 이후 세상)은 손바닥 뒤집히듯 가까운 것, 마치 종이 양면과 같다.

(이 세상은 나그네처럼 사는 곳, 삶을 마친 후 영원한 세상에서 살게 됨)

8. 예수님은 우리를 살리시고 죽일 수 있는 분

(우리들의 삶과 죽음에 대한 권한을 가지고 계신 예수님)

9. 자신의 잘못을 모두 회개해야 구원을 받을 수 있다.

(자신이 지은 죄를 이 세상에서 모두 씻어내는 회개를 하고 주님을 따르는 삶으로 변화되어야 함)

10. 그 누구도 차별하지 말라.

(모든 사람은 하느님의 자녀, 그 누구도 함부로 판단하고 차별할 수 없음)

11. 자신의 가족처럼 이웃과 세상을 사랑해야 한다.

(가족이나 가까운 사람에게만 한정된 사랑은 자신도 모르는 죄가 될 수 있음)

12. 이 세상의 모든 것은 하느님께서 우리에게 베푸신 선물

(이 세상 모든 것은 우리에게 내어주신 선물이며 그 선물을 기쁘게 받고 걱정 없이 행복해도 돼)

13. 이 세상의 진리는 예수님을 믿고 따르는 것

(예수님을 믿고 가르침을 따라 사는 것이 생명을 얻고 구원을 받는 길)

14. 예수님은 우리의 모든 것을 알고 계심

(나의 마음과 나에 대한 모든 것을 다 알고 계시며 나와 가장 가까운 분)

15. 이 세상에는 처음부터 선과 악이 함께 존재하고 자라남

(이 세상은 선과 악이 함께 존재하는 곳, 우리에겐 안타깝고 슬프지만 어쩔 수 없는 것)

16. 예수님을 따르는 사람, 또는 나에게 바라시는 것 첫 번째는 선교

(주님을 모르는 이들에게 주님을 알리는 것은 예수님께서 가장 원하시는 일)

17. 예수님을 알고도 외면하고 믿지 않는다면?

(하느님과 예수님을 알면서도 외면한다면 믿지 않는 사람들보다 더 큰 벌을 받게 됨)

18. 마지막 날, 예수님의 재림은 예상하지 못한 때에 순식간에 다가옴

(평화롭고 예상하지 못할 때 갑자기 닥쳐올 수 있는 일)

19. 예수님의 재림 때, 모든 사람은 자신의 죄에 대한 큰 두려움을 받게 됨.

(예수님의 재림 때는 온 세상 모든 사람이 예수님을 눈으로 보고 믿게 됨, 그때 자신의 모든 죄를 깨닫게 됨)

20. 성령으로 가르치시고, 기적이 일어날 수도, 방언을 할 수도 있다.

(성령은 주님께서 허락하신다면 누구에게나 가능하다. 성령을 받는 순간 모든 것을 깨닫게 되고, 신비한 기적도 일어날 수 있다)

이 모든 걸 깨달았을 때, 나는 환희와 두려움 두 가지 감정이 동시에 들었다.

예수님께서 날 알고 계시어 가깝게 느껴졌고 이렇게 성령과 기적으로 친히 많은 걸 직접 알려주셔서 날아갈 듯 행복했다.

아마 내 삶 속에서 가장 행복한 순간이고 새로운 진리를 알게 되어 가장 흥분되었던 날이었다. 세상이 다 나에게 주신 하느님의 선물임을 알아보았고 자연의 모든 것과 길거리의 작은 꽃 하나도 나에게 기쁨을 주는 특별한 선물로 다시 보였다. 이 세상의 주인은 하느님이셨다. 그리고 이 세상과 우리를 직접 다스리시고 계셨다. 우리는 이 세상에서 주인이신 하느님을 따르고 가까운 사이가 된다면 이 세상의 모든 것을 가진 것과 같고 주님의 특별한 보호 속에서 살 수 있었다.

이 세상을 다스리는 분과 친한 사이가 된다면 이 세상은 더 이상 두려울 게 없었다. 평화롭고 행복하게 주시는 선물을 누리며 살면 되는 것이었다.

나란 존재를 하느님께서 알고 계신다는 것, 그것만으로도 기쁘고 큰 영광이었다. 그리고 너무 큰 성령의 은총을 한꺼번에 주셔서 깨닫게 하신 것, 현실의 기적을 보여주신 것에 감격했다. 그 시절 자주 하늘을 쳐다보며 예수님이 나와 함께 계심을 느꼈고 주님의 기도를 노래로 부르거나 내가 지어낸 찬양의 노래들을 속으로 흥얼거리며 다닐 정도로 기쁨과 행복감이 컸었다. 내가 특별히 사랑받는 사람 같았고 가장 든든하신 분, 하느님의 백(Backer)을 가진 사람이었다.

반면에, 내가 알고 있던 세상이 아니어서 혼란스러웠고 성령으로 직접 깨닫고 알게 해주신 이유가 무엇인지 알 수 없었다.

'나처럼 평범한 사람에게 왜 이런 걸 알게 하실까?'

'이런 성령을 다른 많은 사람에게도 내리시는 것일까?'

내가 꿈에서 본 건 누구에게도 자세히 들어본 적 없는 세상 종말의 모습이었고, 공포와 두려움이었다.

상상할 수 없는 큰 권능과 위엄, 빛에 쌓인 완전한 예수님의 모습은 우리와 비교할 수 없어 보였다. 초라하게 돌아가신 모습과는 너무나 다른 영광스러운 분이시고, 우리의 죄를 모두 알고 계시며 마지막 날에 우리를 심판하시는 두려운 분이셨다. 이렇게 무서운 꿈을 보여주신 건 경고의 의미도 담겨 있어서, 나에게 큰 죄가 있는 건 아닐까 걱정도 들었다.

난 이런 큰 성령을 받을만한 어떠한 계기나 절실한 기도, 청원도 없었던 그저 평범한 사람이었다. 세상 진리와 하느님에 대하여 깊게 생각해 보지도 않았다. 정말 뜻하지 않았던 특별한 체험을 받게 된 것이었다.

내가 꿈에서 보았고, 현실에서 기적을 체험한 일, 그날 내가 진리를 깨달은 모든 것은 믿지 못할 일 같지만 모두 사실이다. 하느님께서 성령을 통해 내리신 은총이었고 주님께서 나에게 강한 확신을 주시기 위해 성경책을 통해 궁금한 모든 것을 증명해 주셨다.

03

동생

나는 어릴 적 조금은 특별한 기억을 가지고 있다.

내가 초등학교 3학년 무렵, 어릴 적 옆집에서 갓난아기를 키워줄 사람을 찾고 있었다. 늘 주부로만 사시던 어머니께서 새로운 일을 해보시겠다고 여러 고민 없이 우리 집에 갓난아기를 데려오셨다. 부족한 살림에 도움이 되기 위해서 시작한 일이었다.

하루에 몇 시간을 돌봐주는 것이 아닌, 우리 집에서 맡아 키우게 되었고 아이의 친엄마는 지역적으로 멀리 떨어져 있어서, 한 달에 한 번 정도 오셨다.

그렇게 우리 집에 젖병을 물고 있는 6개월 된 여자아기가 왔고 갑자기 한 가족이 되었다. 부모님, 언니, 나, 여기에 새로운 동생이 생기며 넷이 아닌 다섯 식구가 되었다.

동생이 없던 나에게는 마냥 신기하기도 했고 새로운 즐거움이었다. 그렇게 갑자기 온 아이는 완전히 우리 가족처럼 함께 살며 모든 것을 함께하게 되었다. 그리고 빠르게 우리 가족의 일원이 되었고 온 가족에게 많은 사랑을 받는 막내딸이 되었다. 엄마, 아빠도 편견 없이 우리 자매와 똑같이 대하셨고 막내라는 이유로 늘 나와 언니보다 더 많은 사랑을 받기도 했다.

새로운 장난감들, 예쁜 옷 등 동생이 더 많은 혜택을 누리기도 했고 오히려 사춘기 시절의 나는 소외되는 듯했다. 질투도 느꼈지만 귀여움의 독차지는 늘 어린 동생이었다.

사실 처음에 우리 부모님은 살림에 도움이 되길 기대하며 시작했던 일이었지만 어느 순간부터 처음에 했던 약속은 지켜지지 않았고 점점 무보수로, 그야말로 조건 없는 희생으로 키우게 되었다.

어린 시절, 내가 가장 듣기 싫었던 말은 "이 아이가 누구야?"라며 동네 어른들과 친구들이 궁금해하며 묻는 말이었다.

대부분 처음 만나거나 오랜만에 만난 사람들, 새로운 친구들도 모두 다 똑같은 질문을 했다. 아무렇지 않게 묻는 질문도 어린 동생이 들었을 때 놀라거나 상처가 되지 않을까 나는 무척 신경이 쓰였고 그 상황들이 곤란했었다.

우린 동생과 함께하는 동안 경험과 추억도 모두 똑같이 나누었다. 마당의 감나무, 딸기, 무화과 등의 과일을 따 먹었던 추억, 여름엔 마당에서 물놀이, 겨울엔 눈사람과 크리스마스트리 만든 일, 그리고 엄마가 만들어 준 계란빵과 과자를 좋아했고 엄마와 입맛도 제일 비슷해 어린애가 순두부찌개도 좋아했다. 그렇게 동생은 초등학교 2학년 때까지 가족으로 함께 살았다.

그러던 어느 날, 몇 가지 일들로 이별은 갑작스럽게 찾아왔다. 여러 가지 상황들이 생기면서 결국에는 친엄마에게서 자라는 게 더 좋겠다며, 동생을 친엄마가 데리고 가게 되었다.

이때 나는 처음으로 살면서 가장 큰 충격과 슬픔을 맞았다.

동생과 갑자기 생이별을 하게 되었고 헤어짐의 준비가 길지 않은 갑작스러운 상황을 받아들이기가 쉽지 않았다. 이 모든 상황이 기가 막히며 너무나 안타깝고 가슴이 아팠다.

어린 동생도 함께 산 가족들과 헤어져 살아야 한다는 너무 큰 변화를 받아들이기가 쉽지 않았을 것이다. 그 아이에게는 친엄마도 있었지만 우리 가족이 전부였다.

나는 그 시절 처음으로 하느님을 크게 원망했었다.

어떻게 이렇게 세상이 불공평할 수 있는지 따져 물었고 기도가 아닌 항의를 했었다. 이런 불공평한 세상이 이해가 안 되었고 그냥 지켜만 보시는 하느님이 나에겐 더욱 이해가 안 되었다. 그렇게 불평과 원망을 쏟아냈지만 결국 나는 하느님께 처음으로 매달리며 간절한 기도를 할 수밖에 없었다.

이젠 우리 가족과 헤어지게 되었으니 하느님께서 돌보아 주실 수밖에 없다는 걸 알았다. 그동안 동생에게 잘못했던 것들, 화냈던 일들, 질투했던 것들, 더 잘해주지 못한 것들에 대한 나의 잘못들도 용서를 빌었다.

잠시 떨어져서 살더라도 나중에 다시 만날 수 있게 해달라는 청원과 내가 자라서 다시 만나겠다는 굳은 다짐을 기도드렸다.

'우리 가족에게서 떠나는 동생을 이제부터는 하느님께서 잘 돌봐주시길….'

'지금은 동생과 헤어져야 하지만 우리 가족과 완전히 헤어지지 않게 지켜주십시오.'

동생과 함께 사는 동안, 친척분들이나 동네 분들도 우리 가족이 이렇게까지 헌신하고 키운 것에 대하여 지나치다고 생각했고 모두 이해하지 못했었다. 지금 생각하면 사람들은 남이라는 편견을 가지고 동생을 바라보았고, 완전한 남이라도 한 가족이 될 수 있음을 이해하지 못했을 수도 있다고 생각한다.

어린 동생은 그렇게 주변 사람들의 호기심과 다른 시선을 받으며 살아야 했고, 어렸지만 그 모든 감정을 느끼며 살았을 것이다.

어릴 적 전혀 알지 못했던 이웃이 우리의 가족이 되어 함께 살았고 오랜 기간 헤어짐도 있었지만, 결국 지금은 여전히 엄마, 아빠의 사랑받는 딸이며 내 동생으로 잘 지내고 있다. 동생은 나보다도 어릴 적 추억들을 더 많이 간직하고 있어서 오히려 놀랄 때가 많고 그 시절의 이야기로 즐거운 수다를 떨곤 한다.

이런 내 경험들로 인해 가족이 아닌 이웃과 함께 사는 것이 그리 어려운 일이 아님을 알게 되었다. 크게 대단한 일도, 특별할 것도 없는 일이기도 하다.

우리 스스로가 만든 편견만 깬다면, 우리 이웃은 얼마든지 우리와 가족이 될 수도, 더 가까운 사이가 될 수도 있다.

돌이켜 보면 동생이 우리 집에 오게 된 건 너무나 자연스럽고 별일 아닌 일로 시작되었지만, 분명 하느님께서 우리 가족에게 동생을 보내셨고, 늘 보호해 주시고 우리와 함께하셨음을 지금은 깨닫고 있다. 주님께서는 우리 가족에게 사랑과 평화를 내리셨고 그 받은 사랑을 다시 이웃에게 베풀도록 기회를 주셨다. 그리고 참사랑을 가르쳐 주셨다.

이것이 주님께서 우리 가족에게 주신 특별한 은총이었다. 다른 이에게 작은 사랑을 베푸는 것은 주님께서 우리에게 가장 바라시는 일이시다.

< 아버지, 우리가 주님을 닮기 위해 어떻게 살아야 합니까? >

"너희는 너희가 가진 것들을 사랑으로 나누어라.

나는 너희를 위해 나를 내어주었다.

너희 마음을 사랑으로 실천하여 나를 닮아야 한다."

(24. 01. 11. 주님과 나의 대화 중에)

04.

서서히 나의 변화

어릴 적 나는 친구들과 다른 사람들에게 관심과 사랑을 잘 베풀지 못했던 사람이었다. 그랬던 나에게 조금씩 변화가 있었던 계기는 두 번의 하느님 꿈을 꾸면서부터이다.

운동장에서 하느님의 말씀을 들었던 꿈과 예수님의 재림 꿈을 꾼 이후, 성령의 체험을 했을 때부터 나의 생각과 마음이 서서히 달라지기 시작했다.

하느님께서 살아 계심을 완전히 믿게 되었고 죄를 짓는 것에 대한 두려움도 알게 되었다. 하느님께서는 이 세상과 모든 사람을 창조하신 주인이시며, 세상의 모든 사람들이 주님의 사랑받는 자녀임을 알게 되면서, 누구에게나 겸손하려고 했고 사랑해야 한다는 걸 알게 되었다.

'나의 아버지, 모두가 내 형제, 자매….'

국가와 인종, 종교를 떠나서 하느님으로부터 나온 우리는 모두 같은 이웃이자, 그 누구도 차별받을 수 없는 존재임을 새로이 알게 되었다. 그러나 이 세상은 태어날 때부터 공평하지 못한 곳이었다. 그리고 우리는 이 모든 불공평함을 당연하게 여기며 살아간다. 주변의 가난한 사람들, 부모가 없이 태어난 고아, 병으로 고통받는 사람들, 가난한 나라의 사람들…

그 당시에 왜 이렇게 세상이 공평하지 못할까? 라는 생각을 했지만 답을 얻지는 못했었다.

'주님께서는 세상의 불공평과 가난, 고통을 왜 보고만 계시는 걸까?'

그러나 분명한 건 이 모든 불공평함은 하느님께서 원하시는 것이 아니었다. 세상이 만들었고 인간이 더 높이 벽을 쌓아가고 있는 것인지도 모르겠다.

하느님께서 내게 성령으로 가르쳐 주신 것은, 이 세상의 모든 사람들이 같은 형제, 자매이고 서로 사랑하라는 것이었다. 온 인류는 하느님으로부터 창조된 하나의 공동체이며 한 시대를 함께 살아가는 이웃이다.

한번은 엄마에게 우리는 하느님으로부터 태어났고 나는 엄마의 배만 빌려서 이 세상에 태어난 것이라고 이야기를 해주었다. 엄마에게 나와 우리 가족만을 사랑하는 건 안 되며 다른 이웃에게도 가족처럼 더 사랑해야 한다는 뜻에서 한 말이었다.

"엄마, 저를 너무 많이 사랑하지 마세요. 엄마, 아빠도 내 부모지만 하느님이 나의 아버지야."

그러나 엄마의 반응은 곧바로 어이없는 표정으로 날 쳐다보셨다. 그땐 내 말뜻을 깊이 알지 못하셨고, 그날 이후, 나도 다시는 이런 말을 꺼내지 않았다.

내가 변하게 된 또 다른 이유는 하느님에 대한 두려움을 알게 되면서였다.

하느님께서는 온 만물의 주인, 우리가 사는 세상과 모든 피조물의 주인이시다. 주님께서는 이 모든 세상을 우리에게 내어주셨고 지금도 보살펴 주고 계신다. 다만 하느님께서는 보이지 않으시기에 우리가 모두 잘 알아보지 못하고 감사함을 느끼지 못한 채 살아가고 있다.

비록 꿈이었지만 예수님께서 재림 때 등장하신 모습은 기절할 만큼 압도적이었다. 온 하늘을 덮을 정도로 크셨고 그 크기를 가늠할 수도 없었다. 높은 산과 큰 도시는 아이들 장난감보다도 더 작아 보였고 그 안에 인간은 그야말로 먼지처럼 비교할 수도 없는 작은 존재였다.

그렇게 주님에 대한 큰 두려움을 알게 되면서 조금씩 사람들에게 겸손한 마음으로 바뀔 수 있었다. 편견을 깨고 나름 사람들에게 최대한 친절하게 대하려고 노력하게 되었다.

혼자인 친구들, 어린 후배들, 만나는 사람들에게 먼저 따뜻한 말 한마디 해주려고 했고 먼저 다가가 주었고 웃어주려고 노력했다. 사람들은 나의 짧은 인사나 관심의 한마디에도 엄청 마음을 열어주었고 내가 베푼 것보다 더 다정하게 대해주었다. 조금

베푼 관심은 훨씬 더 큰 사랑으로 되돌아왔다.

　그렇지만 착하게 살아보겠다고 매번 스스로 다짐해도 나에게 욕심을 버리는 것, 다른 사람들에게 양보하는 것, 나와 다른 누군가를 이해하는 일은 결코 쉬운 일이 아니었다.

05

예수님의 기다리심

    나는 앞서 말한 조금은 특별한 체험으로 하느님과 예수님께서 이 세상에 함께해 주시고 우리를 지켜주심을 잘 알고 있었다. 그리고 나에게도 주님은 가장 중요한 분이셨다. 함께해 주신다면 더 이상 바랄 것이 없다고 생각하고 있었다. 가끔 하늘을 쳐다보며 예수님께 하루의 일들을 이야기하거나 혼자 걸어갈 때도 주님과 늘 함께라고 생각했었다. 그리고 왜 다른 사람들은 겪지 않는 일들을 나에게만 보여주신 건지, 진리를 알게 하시는지 이해할 수 없는 일이기도 했다.

    예수님의 꿈과 기적처럼 진리를 알게 된 일은 내 생애에 가장 잊을 수 없고 벗어날 수도 없는 경험들이었지만 나의 생활이 바뀌면서 점점 빠르게 잊혀갔다.

    졸업 후, 나의 첫 직장은 어느 방송국에서 시작되었는데, 늘 새롭게 배우는 모든 일들이 신기하고 재미있었다. 선배들도 직장 사람들도 모두 잘 대해주었다. 내가 원하던 새로운 삶이었다. 이후 직장을 옮기며, 다양한 경험도 쌓고 좋은 사람들도 많이 만났다. 내 생활은 집, 회사, 잦은 야근, 퇴근 이후 동료들과 저녁 식사나 술자리… 잠시의 여유로움도 없는 계속 반복된 생활이 일상이 되었고 일이 전부가 되었다. 내 주변의 모든 사람들도 나와 마찬가지였기에 이런 생활은 당연한 것이라고 생각되었다.

그러나 점점 멋진 직장의 선배들이나, 형편이 더 나은 사람들과 비교하며 나의 부족함이 보였고 내 처지와 상황에 감사하기보다는 점점 불만이 생겨났다.

그리고 정신없는 내 생활 속에서 점차 기도하는 것, 주일에 미사를 보러 성당에 가는 것도 모두 힘들고 시들해졌다. 사람들과 어울리는 것과 경험을 쌓는 일이 더 우선이 되었고 그렇게 늘 시간에 쫓기며 살았다. 나에게 1순위는 내 일과 안정된 삶이었다.

몇 년 후, 직장 생활을 하다가 뜻이 맞는 선배 두 명과 함께 방송그래픽 관련 사업을 시작했다. 처음엔 일이 없어 힘든 시기도 있었지만, 새로운 일을 맡게 되면서 점차 일이 감당하기 힘들 정도로 너무 많아졌다. 대부분 늦은 저녁이나 새벽 시간 퇴근이 다반사였다. 매일 아침부터 저녁까지 꽉 찬 스케줄이 있었고, 나의 일은 실수나 사고 없이 완벽해야 해서 스트레스도 많았다. 문제는 짧은 시간 안에 해결 못 할 정도로 많은 양의 일이었기에 직원들도 오래 버텨내지 못했다.

일이 많고 회사가 바쁘다며 다른 사람들에겐 부러움도 샀지만, 힘든 밤샘 일과 늘 완벽해야 하는 일들, 그리고 주말에도 쉬지 못하고 일을 하는 것에 점점 지쳐가며 기쁨이 사라졌다. 너무 여유가 없어서 하는 일에서 벗어나고 싶었고, 적당히 일하며 맘 편히 살아보는 게 소원이었다. 왜 이렇게 힘들고 바쁘게 살아야 하는지… 그렇게 일만을 위해 살고 있었다.

사회생활 이후 오랜 기간 동안 예수님을 찾지 않으면서, 주님으로부터 나는 점점 멀어지고 있었다. 가끔 쉬는 주말엔 여행을 간다거나 친구들과의 약속, 밀린 집안일로 더 바빴다. 그동안 겪었던 예수님과의 많은 일들, 그 모든 걸 나는 다 잊은 사람처럼 생활하고 있었고 일과 돈이 내 삶에 목적이 되었다. 가끔 의무감에 성당을 찾는 게 전부였다. 그렇지만 한편, 내가 아쉽거나 주님이 필요할 때, 걱정스러운 일들이 생길 때나 간절히 청할 일이 있을 때만은 예수님을 찾고 있었다.

지금 생각해 보면, 내가 아무리 바빴더라도 짧은 감사의 기도와 아침저녁으로 인사는 드릴 수 있었다. 가끔 휴식 시간에 마음을 다스리며 성경을 읽거나 묵상하는 것도 가능한 일이었다. 하루 잠깐이라도 예수님을 기억할 수 있었지만 그렇지 못했던 것은 내 마음에 예수님이 절실하고 중요하지 않아서였다. 그렇게 나만을 생각하며 예수님을 찾지 않았지만 그런 동안에도 예수님께서는 늘 나와 함께해 주셨고 보호해 주셨음을 지금은 알고 있다.

어쩌다 잠시 누군가를 위한 기도를 하면 바로 성령의 응답을 받기도 했었고 늘 꿈으로 많은 일들을 미리 알게 해주셨다. 꿈의 해석을 잘하지는 못했지만, 마치 천사가 내 곁에서 항상 미리 알려주는 것 같았고 위험이나 큰 사건에 대하여 주의를 주신다는 걸 그때에도 늘 느끼고 있었다.

만일 그때, 주님 안에 머무르며 더 가까운 자녀로 성장했다면, 얼마나 더 행복했을까… 얼마나 더 많은 위로와 사랑을 받았을까…

지금은 많은 후회와 아쉬움이 남는다. 주님께서는 나의 나약함과 자만심을 모두 보셨고 떠나는 자녀에게 마음 아파하셨을 것이다. 그럼에도 언제나 다시 돌아오기를 기다리시며 지켜주셨다.

06

예수님께 항복

내 기도를 들어주셨을까?

여러 많은 상황들이 변하면서 하던 사업을 갑자기 접기로 결정하였다. 이런 과정에서 사람들에게 상처도 받았고 며칠간 앓아누울 정도로 힘든 결정이었다. 그러나 결국 계속 그렇게 살아갈 자신이 없기도 했고 이런 생활을 바꾸고 싶었다. 회사를 같이 한 선배들도 나처럼 몸과 맘 모두 지쳐 있어서 쉬고 싶은 마음은 같았고 잠시 휴식 기간이 필요했다.

나는 그 이후 지인들과 선배들의 소개로 얼마간 프리랜서로 일들을 더 맡아 했지만 하던 일을 완전히 그만두고 싶었고 큰 고민과 준비 없이 다른 사업을 시작했다. 그동안 하던 일, 젊음을 바치며 계속해 오던 일을 바꾸기엔 많이 아쉽기도 하고 불안했지만, 새로운 삶으로 바꾸기 위해 과감하게 내린 결정이었다.

그런데… 그때부터 암흑기가 시작되었다.

새로 시작한 사업은 한 해, 한 해 나아지는 게 아닌 처음보다 점점 더 나빠지며 안정되지 못하였고 있던 여윳돈은 별생각 없이 투자했다가 많은 돈을 어이없게 날리기도 했다.

그때엔 내가 하는 모든 게 뜻대로 풀리지 않았고 내 앞에 장애물이 놓여 있는 것만 같았다. 편안한 삶, 조금은 여유롭게 일하고자 나만의 일을 시작했지만, 가끔 들어오는 일들은 급하거나 어렵고 까다로운 일들로, 계속 밤새우며 일을 해야만 했다. 고생하며 하는 일에 비하면 만족감도 없었다. 계속 그렇게 일을 하고 있었지만 고생을 모르던 나에겐 인내가 필요했고 내 마음에 평화와 기쁨도 없이 점점 더 힘들게만 느껴졌다.

'살다 보면 잘 안될 때도 있겠지.'

'그래도 한번 시작한 거 끝을 볼 거야.'

그러나 내 긍정적인 생각에도 점점 한계가 있었고 그동안의 자신감은 사라지며 점점 세상에 대한 여유로운 마음도 사라지게 되었다.

'어떻게 이렇게 모든 게 잘 안 풀릴 수가 있지?'

불만족스러운 내 생활과 계속해서 좌절을 안겨주는 하느님께 점점 원망이 쌓여갔다. 노력하면 뭐든 쉽게 이룰 줄 알았지만 세상은 만만치 않았고 점점 경쟁도 치열해지며 마음은 뭔가에 늘 쫓기는 듯했다.

성당을 가는 것도, 기도하는 것도 모두 싫어졌다. 삶이 즐겁지 않았다. 분명 날 잘 알고 있는 하느님께서 도와주지 않으시고 지켜보고만 계셨기 때문이다. 아니, 이 모든 게 내게 일부러 고난을 주시는 것만 같았다.

나의 불안함과 답답한 상황을 알면서도 도와주지 않으시고 시련을 주시는 하느님께 절망감마저 들었다. 나를 왜 이렇게 버려두시는지 따져 묻기도 했고, 서운함이 터져 나오기도 했다.

그러던 중 부활절을 앞두고 고백성사(판공성사)를 해야 했고 그날은 마지못해 겨우 성당에 찾았다.

'고백할 일이 딱히 없는데….' 아무리 생각해도 내게는 잘못이 없었다.

성당에 갔지만 내 마음은 굳게 닫혀 있었고, 무엇을 말해야 할까 고민될 정도로 고백할 일들이 생각나지 않았다. 그렇게 그 순간을(고백성사) 빨리 넘기고 싶었다. 사람이 많은 시간을 피하기 위해서 미사 40분 전에 성당에 도착했고, 성전에 들어섰을 땐 아무도 없었다. 고백성사실 앞에 맨 첫 번째로 대기하며 줄을 섰다. 나 다음으로 한두 명씩 사람들이 들어오고 있었고 모두가 신부님께서 오시기를 묵묵히 기다렸다. 나도 기다리는 동안 내가 무엇을 고백할지 머릿속으로 정리하던 중이었다.

그러다가 내 눈길이 성당 중앙의 십자가에 멈췄다.

그 순간, 갑자기 성당 안에서 하느님의 목소리가 크게 울렸다.

"(그럼에도 불구하고) 나는 항상 너를 지키고 있었고
너의 곁을 한순간도 떠나지 않았다."

이번엔 꿈속이 아닌 현실이었고, 분명 나에게 말씀하고 계셨다. 성당 안에서 크게 울렸지만 다른 사람들은 들을 수 없는, 오직 나에게 하신 말씀이셨다.

정말이지 너무 놀랐고 큰 충격의 일이었다.

그 순간 내 머리를 한 대 '꽝' 하고 맞은 듯 정신이 번쩍 들었다. 주님의 말씀과 함께 나의 모든 잘못과 죄를 깨닫게 하셨다. 너무 놀라 온몸의 힘이 모두 빠지며 정신을 잃을 것만 같았다.

고백성사를 보러 성당에 가는 그 순간까지 나의 마음은 굳게 닫혀 있었고 하느님께 무척 화가 나 있었다. 나를 버려두신다고 생각했고 내 곁에 계시지 않는다고 생각하고 있었는데, 주님의 음성을 듣는 순간, 내가 했던 모든 잘못된 행동들과 지금의 상황이 빠르게 머릿속에서 스쳐 지나갔고, 곧바로 지금까지 했던 내 생각들이 완전히 잘못되었음을 깨닫게 되었다.

주님께서 나를 외면하신 게 아니라, 내가 주님을 찾지 않았고, 완전히 떠나 있었다.

돌이켜 보니, 내가 하는 일들이 어렵기도 하고 잘 안 풀리긴 했지만, 그래도 걱정 없이 살고 있고 내가 하고 싶은 일들을 하고 있었다. 나와 가족 모두가 건강했고 따뜻한 보금자리와 가족들의 보살핌이 있었다. 또한 내가 욕심만 버린다면 마음대로 자유로이 살 수도 있었다. 내가 힘들다고 생각했던 것들, 불만으로 가득했던 상황들이 정말 아무것도 아니었다는 것과 세상 사람들이 보기엔 어린아이의 투정과 같았음을 깨닫게 되었다. 다행히도 나의 처지가 힘든 삶이 아닌 아무런 문제가 없는 감사한 삶이었다.

그동안 모르고 지냈던 감사한 일들이 계속해서 떠올랐고, 힘든 상황 속에서도 주님의 보호가 있었음을 다시 깨닫게 되었다. 이 모든 것은 성령께서 하신 일이었다.

주님의 말씀을 듣고서야 비로소 내가 주님을 그동안 간절히 그리워하고 있었다는 걸 알았다. 내가 힘들고 평화롭지 못했던 건, 주님께 사랑을 받지 못하고 있었기 때문이었고 내 마음에서 멀어지면서 주님을 느끼지 못했기 때문이었다. 그동안 주님께서 내 곁을 떠나셨다고 생각했고, 다시 주님의 사랑을 받기 위해서 내가 어떻게 바뀌어야 할지, 그리고 나에게 무엇을 원하시는지 잘 모르고 있었다.

하느님의 따뜻한 위로의 말씀과 성령으로 내 모든 잘못들을 바로 알게 되었고 회개의 눈물이 흘렀다. 그동안 내가 하느님을 떠나 있었고, 내 죄와 잘못을 인정하지 않았고 계속 고집을 피우며 먼저 다가가지 못했다. 그러나 주님의 따뜻한 말씀에 눈물이 왈칵 쏟아지며 그동안 단단하게 높이 쌓아 올린 마음의 벽이 와르르 모두 무너져 내리는 것 같았다. 서러움인지, 반가움인지, 다시 찾아주신 위안과 안도감인지 모를 눈물만 계속 흘렀다.

내 곁에서 한순간도 떠나지 않으시고 계속 함께 계셨다는 말씀은 그 어떤 말보다 듣기 좋은 난생처음 받은 가장 따뜻한 위로와 사랑 그 자체였다. 이 말씀으로 그동안의 내 잘못들을 모두 치유해 주시고 다시 받아주시며 위로해 주시는 것 같았다.

눈물을 애써 참으며 첫 순서로 고백성사실에 들어갔지만 곧 울음이 터질 것 같아 도저히 말을 할 수 없었고 정신을 차리지도 못했다. 계속 눈물이 흘러 겨우 잘못했다고만 말했고 결국 엉엉… 울음이 터져 나와버렸다.

통회의 눈물은 멈출 수 없이 계속 흘렀다. 신부님께서도 아무런 말씀을 못 하시고 잠시 기다려 주셨고 짧게 위로해 주시며 고백성사를 마쳤다. 그렇게 눈물이 멈추지 않았고 도망치듯 빠르게 성당을 나왔다.

07

회개

　우리에게 성령이 내릴 때, 모든 잘못을 바로 뉘우치게 하시고, 깨닫게 하시고, 치유를 해주신다.

　급히 집에 돌아오자마자 하느님께 무릎을 꿇었고 잘못들을 모두 고백했다. 그동안 내 잘못들과 죄를 깨닫지 못했었고 내 마음을 굳게 닫고 살아왔다는 것을 그동안 알지 못했다.

　고백성사 전까지 깨닫지 못한 나의 가장 큰 죄는 곁에서 지켜주시는 주님을 알아보지 못했던 것이었고 모든 것을 내 마음대로 하려고 했던 것이었다.

　그동안 왜 알아보지 못했을까…

　계속 눈물이 흘렀고 그동안의 잘못된 행동들이 모두 생각나면서 차마 고개를 들을 수 없었다. 너무 오랫동안 나는 하느님을 외면하고 있었다. 내게 주신 특별한 사랑들을 모두 잊었고 심지어 당연한 것으로 생각했다.

　베풀어 주신 모든 것에 감사할 줄 몰랐고, 내 뜻대로 풀리지 않을 때에는 하느님께 불만과 원망이 생겨났다. 그렇게 내가 주님을 멀리하면서 마치 주님을 모르는 사람처럼 관계가 많이 멀어져 있었다. 내가 힘들거나 지쳐 있을 때에도 차마 주님께 도움을 청하거나, 깊이 기도하지 않았다. 그랬던 나에게 먼저 다가와 주셨고 위로의 말씀과 성령으로 다시 모든 걸 알려주신 것이다.

주님께서는 나에게 무엇과도 바꿀 수 없는 가장 소중한 분이셨고, 주님과 함께 사는 것보다 더 행복하고 든든한 건 없었다. 그동안 내가 얼마나 어리석게 살았는지 너무 많은 후회가 되었다.

이제라도 하느님께서 나를 자녀로 받아주신다면 주님께로 돌아가겠다고 항복, 완전히 굴복하는 순간이었다. 주님과 관계를 모두 회복하고 다시 사랑받는 자녀가 되고 싶었다.

이제 하느님께서 '너의 길'이라고 말씀하셨던 그 길이 어떤 길이든 거부하지 않겠다고, 그리고 더 이상 나의 욕심은 모두 내려놓고 주님께서 원하시는 길을 따르겠다고 완전하게 약속을 드렸다.

"그래 혼자서 잘 살아보아라. 이제 알겠느냐. 네가 아무것도 아님을?"

나에게 이렇게 말씀하시는 것 같았다.

하느님께서는 나의 존재가 아무것도 아닌 나약한 인간이라는 것과 주님을 떠나서는 참평화와 행복이 없음을 알게 하시며 그 모든 것을 깨닫도록 기다리셨던 것 같다. 그동안의 나의 잘못들에 대하여 엄중히 꾸짖으셨고 서운하신 마음도 알게 하셨지만, 곧바로 모두 용서해 주셨고 나에게 따뜻한 위로를 주셨다.

결국 이 세상에서 주님을 떠나 나 혼자의 힘으로는 살 수 없음을 알게 하시고 나의 자만심을 완전히 꺾으셨다.

　　이제 나에게도 간절히 원하는 건 한 가지였다.
　　주님께 사랑받는 자녀로 다시 돌아가는 것이었고 그동안의 내 모든 잘못들을 씻고 다시 태어나는 것이었다.
　　주님의 따뜻한 위로를 받으면서 가장 먼저 후회가 밀려왔다. 그동안 어리석게 살아온 나에게 속상했다. 내 삶의 20년 가까운 오랜 세월을 의미 없이 살아온 것과 겉모습만 중요했던 진실하지 못한 나로 살았다. 참행복과 평화가 아닌 이 세상의 보이는 것만 탐했고 아무것도 아닌 것들에 신경 쓰며 두려워하거나 힘들어했다. 나 스스로가 주님의 자녀로 살아가는 것이 진리의 길, 더 높은 행복임을 알면서도 외면한 가장 어리석은 사람이 되어 있었다.

　　'주님께 사랑받는 자녀로, 주님 안에서 살았다면, 어떤 내가 되어 있을까….'

　　그렇게 회개를 하면서 잘못을 빌었고 나 자신을 의탁하고 나니 내 어깨의 짐이 한결 가벼워졌다. 내가 계속 놓지 못하고 팽팽하게 잡아당기던 줄을 놓은 듯 마음의 긴장감이 사라지며 훨씬 편안해졌고 자유로움을 느꼈다.
　　그동안 나와 내 삶을 주님께 바치는 것, 내 모든 걸 내어드린다는 것에 대하여 막연한 불안함과 슬픔이 클 것이라고 생각했었다. 자유, 부유함, 행복 등, 내가 원하는 삶은 없을 것 같았다. 그러나 이런 내 생각들은 완전히 주님에 대한 나의 오해였다. 오히려 기댈 수 있는 든든한 힘이 생긴 것 같았고 혼자인 삶보다 하느님과 함께하는 삶이 훨씬 더 나을 것임이 분명했다. 마치 내 어깨에 큰 날개를 단 것 같았다. 그만큼 몸이 날아갈 듯 가벼워짐을 느꼈다.

나를 내맡기기까지 오랜 세월이 걸렸고 이렇게 나는 다시 하느님의 자녀가 되었다. 편안히 기댈 곳이 생겼고 왠지 나에게 주님께서 내어주는 새로운 길을 만날 것 같았다.

예상치 못한 순간 주님의 따뜻한 말씀과 사랑에 감동했고 내 모든 걸 내어드리며 갑작스럽게 회개를 하게 되었고 주님의 종으로 살아보겠다고 내 인생의 가장 중대한 약속을 하게 되었다.

그 약속은 하느님과 맺은 첫 약속이며 영원히 깨지지 않을 중요한 약속이었다.

지금 돌이켜 보면 갑작스러운 순간이 아닌 하느님께서는 그때를 미리 준비하셨고 오랜 기간을 기다려 주셨다. 하느님 없이는 내가 아무것도 아닌 존재임을 완전히 깨닫도록 하셨고 다시 나를 불러 자녀로 받아주셨다. 결국 하느님의 뜻대로 나를 완전히 바꾸셨다.

나와 같이 자신의 영역에 단단한 성벽을 쌓고 주님께서 다가오길 거부하는 사람들이 많이 있을 것이다. 자신의 모든 것을 내맡기는 두려움, 예수님의 고통을 함께 겪을 것 같은 느낌, 십자가를 지고 따르는 삶. 그리고 자유를 모두 빼앗긴다고 생각한다.

우리는 이 세상에서 하느님의 자녀로 속하는 것과 하느님의 자녀임을 거부하는 것 두 가지 중 하나를 선택하며 살아가고 있다. 그중, 하느님의 자녀가 되길 거부하는 사람은 창조주이신 분의 은총과 선물을 인정하지 않으며, 스스로 주님의 사랑을 거부하고 있는 것이기도 하다. 다행히 주님께서는 우리를 언제든 기다리시고 늦게라도 뉘우치고 돌아오는 자녀에겐 모두 용서해 주시는 분이시다.

고통에 힘들어하는 자식들의 짐을 덜어주시고자 사랑과 위로를 주시기 위해 우리를 찾고 부르고 계신다. 그리고 다시 돌아온 자녀에겐 기꺼이 이 세상뿐만이 아닌 더 큰 선물, 즉 우리에게 영원한 삶과 구원까지 약속해 주시며 모든 사랑을 베푸신다.

08.

주님의 가르침

회개를 한 이후 모든 상황이 다 좋아지는 건 아니었지만 분명한 건 내 마음에 걱정이 없어지고 평화로워졌다. 주님께서는 그동안 나의 잘못들이 괜찮다며 용서와 위로를 주셨다. 마음이 따뜻해졌고 두렵지 않도록 힘이 되어주셨다. 나도 정성스러운 기도는 아니었지만 잠시 시간을 내어 기도하려 했고 성당에 가는 게 힘들고 귀찮은 일이 아닌, 주일미사는 중요하고 기다려지는 시간이 되었다.

성당에서 하느님의 말씀을 듣게 되어서일까?

예수님을 좀 더 가깝게 만나고 함께인 듯했고 기쁨인지 감사의 눈물인지 모를 눈물도 자주 나곤 했다. 다시 나의 손을 잡아주신 주님께 나도 더 가까운 사이로 사랑받는 자녀가 되고 싶었다.

이 무렵, 더 특별히 즐거웠던 이유는 매주 복음 말씀과 신부님의 강론이 모두 나에게 말씀하시고 가르치시는 것만 같아서, 주일마다 내심 기대하며 성당을 찾게 되었다.

'하느님께서 오늘은 나에게 무슨 말씀을 해주실까…?'

한 주 동안 내게 있었던 일, 그때 잠시 고민하던 생각과 느낀 감정, 우연히 발생된 상황들이 매주 미사 시간에 나에게 가르치듯, 말씀으로 듣게 된 것이다. 주일의 복음 말씀이나 신부님 강론이 내가 하고 있던 생각과 의문에 대한 답을 받는 것 같아서 너무 신기했다. 내게 필요한 말씀을 미사 시간을 통해 주님께서 직접 가르쳐 주시는 것 같았다.

이 신기한 우연의 일치는 꽤 오랫동안, 몇 달간 계속되면서 결국은 주님께서 이렇게 내 삶을 통하여 직접 가르치신다는 것을 알았고, 복음 말씀이 어떤 깊은 의미가 있는 말씀인지 삶 속에서 얼마나 중요한 지혜를 담고 있는지 더 깊게 알도록 하셨다.

'하느님께서 나의 삶 속에 들어와 직접 가르치시는구나.'

나는 그날 복음 말씀의 내용을 전혀 모르고 성당을 찾았는데, 이런 계속된 우연은 내게도 놀라운 체험이었다. 자상하게 직접 나에게 가르쳐 주시는 것을 느끼며 행복했고 하느님께서 나와 늘 함께 계심을 느낄 수 있었다. 그렇게 그날의 복음 말씀을 더 깊이 이해하도록 나에게 생각과 경험을 먼저 하도록 하셨고 미사 시간을 통해 주님의 깊은 뜻과 답을 다시 깨닫게 하신 것이다.

미사 시간은 내게 필요한 말씀을 듣는 시간으로, 즐거웠고 강론이 더 잘 이해가 되었다. 그리고 엄마에게 그날의 성경 말씀에 대해 또 다른 의미가 있음을, 나만의 보충설명을 더 해주기도 했다.

지금은 어떤 내용이었는지 기억나지 않지만, 하느님께서는 보이지 않게 내 삶 속으로 들어와 함께 계셨고, 나는 주님의 가르치심을 분명히 알아볼 수 있었다. 나에게 새로운 깨달음과 가르침은 기쁜 선물을 받는 것 같았고 계속 나를 성당으로 인도해 주시는 것 같았다. 주님께서 하신 모든 말씀과 가르침이 우리 삶에서 얼마나 필요한지 직접 깨닫게 해주셨다.

그 이후에도 주님의 가르침은 계속되었고 지금까지도 늘 가르쳐 주고 계신다. 나의 삶 속에서 즉, 다양한 경험, 만나는 사람, 그리고 책을 통하여 가르쳐 주신다. 그리고 나의 잘못된 생각을 아시고는 곧바로 지적하시며 내 생각이 잘못된 것임을 다시 깨닫게 하신다.

내가 이 글을 쓰기 시작하기 전부터 주님께서는 누군가를 통해, 나에게 필요한 책들(주님과 관련된 책)을 선물받게 하셨는데, 선물로 받은 그 책들은 나를 서서히 성장시켰고 큰 도움이 되었다. 나에게 필요한 답과 증명을 받았고 주님의 뜻을 알게 하셨다. 선물로 받은 책들이었지만, 이 모든 것은 주님께서 보내셨음을 느끼게 되었다.

주님께서는 자신의 자녀들에게 주님을 닮을 수 있도록 직접 가르치시고 부족한 것을 채워주신다. 우리가 당신의 자녀답게 살아가길 원하시기에 주님께서는 자신의 깊은 마음과 사랑을 닮도록 요구하시며 계속해서 길을 내어주신다.

주님은 우리의 아버지, 스승님, 그리고 착한 목자이시다.

우리가 현실에서 그 가르침을 잘 느끼지 못하고 목소리를 듣지 못할지라도 주님께서는 결코 포기하지 않으시며 도와주고 계신다. 주님의 마음, 사랑의 불길, 주님의 빛 안으로 인도하시며 우리를 변화시키신다.

09.

남을 위한 구원의 기도

주님께서 늘 나와 함께 계시는 것을 느끼며 주일미사 시간이 기다려지고 즐거운 시간이 되었지만 그 당시 언니는 성당에 나가지 않고 있었다. 언제부터인가 매주 미사에 참여하는 걸 힘들어하고 귀찮아했다. 내가 그 이유를 묻자 예수님께서 계시는 것은 믿지만, 진실한 믿음이 마음에서 우러나지 않는다고 했다. 미사 시간에는 대부분 다른 생각들이 떠오르거나 집중하지 못하다 보니 자신에게 큰 의미가 없다며 주일마다 꼭 나가야 할 필요가 없다고 말했다.

그날 저녁, 언니를 위해서 기도라도 한번 해보자 하는 마음으로 성당에 좀 더 열심히 다니게 해달라고 주님께 잠시 기도를 드렸다.

'예수님, 이런 기도를 드리는 거 정말 죄송하지만 저에게 내려주시는 성령을 조금이라도 나눠 언니도 느낄 수 있게 해주면 안 될까요? 주일마다 성당을 나가지 않으려 해서 이젠 정말 걱정이 됩니다.'

간절한 기도가 아닌 정말 짧은 화살기도였다.

그런데 다음 날 아침, 언니에게 무슨 일이 있는 듯했다.
"나 꿈속에서 지옥을 본 것 같아…."
어젯밤 꿈속에서 두려운 곳을 보았다고 했다. 꿈의 내용은 그
곳이 어디인지 모르지만 언니는 어두운 공간의 건물 2층으로 올
라가며 '여긴 어디지?'라고 생각했다고 한다.

2층에서 둘러보니 몇몇 사람들이 모두 얼굴을 파묻고는 바닥
에 납작 엎드린 채 큰 두려움에 떨고 있었고 누군가의 판결을 기
다리고 있는 중이었다고 한다. 또다시 두리번거리며 3층으로 올
라가는 계단을 보고 그쪽으로 올라가려 했는데, 어떤 누군가가
다급히 말리며, 그곳으로 가면 안 된다고 말해주었다고 한다. 그
래도 궁금하여 슬쩍 올려다봤는데, 한쪽 벽에 마치 블랙홀 같은
큰 구멍이 뚫려 있었고 그 안은 불구덩이였으며, 사람들이 그 속
으로 순식간에 빨려 들어갔다고 했다. 그제야 그곳이 어떤 곳인
줄 알아챌 수 있었다고 한다.

1층이 지상의 세상이라면, 2층은 선과 악을 판결하는 장소였
고, 3층은 죄인들이 불구덩이 속으로 던져지며 영원히 나오지 못
하는 곳이었다.

언니는 아침에 꿈 이야기를 하며 몹시 두려워했고 아무래도 이
건 꿈이 아닌 것 같다고 했다. 우리가 죽는다면 아마도 이런 과정
을 겪게 되는 걸 꿈으로 보여주신 것 같다고도 했다. 그렇게 그날

은 온종일 진정하지 못하며 충격을 받은 사람 같았다. 그날부터 언니는 완전히 달라지며 적어도 성당의 미사만은 열심히 참여하게 되었다.

언니의 꿈도 신기했지만, 나는 주님께서 이렇게 응답을 빠르게 주셔서 너무 놀랍기도 하고 어리둥절했다. 오랫동안 성당을 다니지 않던 언니가 그 짧은 한 번의 기도로 바로 변화되었다. 그것도 바로 다음 날, 정말 놀라운 속도였다.

다른 사람을 위한 기도로 놀라웠던 또 다른 오래전의 일이다.
출근 전 집을 나서려다 생각을 바꿔 병상에 누워 계신 외할아버지를 위해 기도를 드리기로 했다.

외할아버지는 혈액암으로 사실 회복이 어려운 상황이었고 고통 중에 계셨다. 할아버지는 가족들이 자신의 치료를 위해 더 많은 노력을 하지 않는다는 오해가 있으셨고, 그로 인해 가족들에게 서운한 마음에 가끔씩 화를 내곤 하셨다. 엄마를 비롯해 그 모습을 바라보는 가족들도 함께 힘들어했다. 할아버지께서 돌아가시기 전, 가족들과 오해를 풀고 두려움이 없으시도록 기도를 드리고 싶었다.

'주님, 할아버지께서 돌아가시기 전 가족들과의 오해를 풀고, 편안한 마음으로 하느님을 찾을 수 있도록 도와주세요. 두려움이 없게 위로해 주시고 엄마가 마지막 임종도 꼭 지킬 수 있게 해 주세요.'

출근 전, 외할아버지를 위한 짧은 화살기도였다. 그런데 그 기도 중 엄청난 성령이 나에게 내렸다.

나의 온몸을 휘감는 강한 힘, 위에서부터 큰 압력과 강한 에너지를 나에게 붓는 느낌이었다. 어느 때보다 강한 성령의 힘 때문에 나 스스로 몸이 움직이지도 못할 정도라고 생각했다. 불이 꺼진 방 안은 살짝 어두웠고 집에 혼자 있었기에 덜컥 겁이 나며 어쩔 줄을 몰라 했었다. 기도하던 손은 강한 압력으로 풀리지 않을 정도였지만, 있는 힘껏 뿌리치듯 풀었고 그렇게 놀라서 황급히 내 방을 나섰다.

'아… 나의 기도를 들어주시고 바로 응답을 주신 거구나.'

내 청원의 기도를 들어주신다는 확신이 들도록 강한 성령의 힘을 쏟아주셨다. 하느님께서는 분명 나의 기도를 들으시고 기뻐하셨고 바로 응답으로 표현해 주신 것이었다.

그로부터 며칠 뒤 엄마에게 할아버지의 안부를 물었을 때, 마음의 안정을 찾으셨고 가족들과도 모두 편안해지셨다고 하셨다. 그리고 임종하셨을 땐, 엄마가 곁에서 함께 지키셨다.

나는 이미 기도 중에 너무나 분명한 응답을 받았기에 모두 들어주실 것을 알고 있었고 더 이상 할아버지의 걱정은 하지 않았다. 나의 경험으로는 다른 사람의 평화와 구원을 위한 기도는 하느님께서 가장 원하시는 기도인 것 같다.

또 한 번은 꿈에서 내가 아는 어떤 분을 보았는데 비좁은 창고에서 몸이 쇠(올가미)줄에 감겨 고통스러워하며 그 줄에서 빠져나오기 위해 온 힘을 다 쏟고 있는 모습을 보았다. 얼굴은 빨갛게 달아올랐고 몸은 땀에 흠뻑 젖어 지쳐 있었다. 끔찍하고 무서운 모습이기도 했다. 그 사람의 평소 겉모습을 보아서는 전혀 느껴지지 않았지만 어딘지 모르게 불편하고 평화롭게 보이지 않았다. 분명 그 사람의 내면에서는 자기만의 고통이 있었고 벗어나기 위해 스스로 힘겨운 싸움을 하고 있었다. 난 꿈을 통해 그 사람이 얼마나 힘들어하는지 느낄 수 있었고 그 사람이 고통에서 벗어나길, 나도 간절한 기도로 주님께 청했다.

그런데 얼마 후, 다시 만났을 때 그 사람은 몰라보게 평화롭고 다시 행복해 보였다. 분명 전과는 달라 보였고 마음의 괴로움에서 벗어난 것 같았다.

누군가 하느님을 떠나 있을 때나 고통에 깊이 빠져 있을 때에는 혼자의 힘으로 극복하고 그 상황 속에서 벗어나기가 힘겨울 때도 있다. 자신만의 고통이나 확고한 신념 속에 갇혀 주님을 보지 못하기에 참평화를 누리지 못하는 경우이다. 사람들은 오히려 큰 고통과 힘든 일이 있을 때 주님을 더 찾지 못하며 외면하게 된다. 그래서 다른 사람들의 구원의 기도가 큰 힘이 되어준다. 또한 하느님께서 가장 원하시는 기도이다. 고통 중에 있는 사람들을 위한 진실된 기도는 주님께서도 외면하지 못하신다.

하느님께서 우리들의 모든 기도를 다 이루어 주시지는 않으시지만 분명한 건 우리의 기도를 모두 듣고 계시며 그 순간에 우리와 함께 계신다.

이 세상에서 바라는 어떤 목적과 청원의 기도가 아닌 순수한 마음과 사랑, 그 깊이를 먼저 보시며 특히 남을 위한 기도, 다른 사람들의 죄의 용서와 구원을 위한 기도는 가장 기뻐하신다. 우리에게 원하시는 가장 값진 일이며 우리 모두의 중요한 사명이 기도 하다.

다른 사람의 구원을 위한 기도는 우리가 베풀 수 있는 가장 큰 선이며 가장 응답이 빠른 기도라고 생각한다.

10.

수술과 견진성사

어느 날 아침, 잠을 이상한 자세로 잤는지 일어났을 때 목이 아파 움직여지지 않았다. 출근 전 병원에 들렀고 병원에선 초음파 검사까지 같이 해보자고 제안했다.

그리고 의사의 심상치 않은 표정과 말…

목이 아픈 곳은 문제가 없었다. 오히려 반대편 쪽에 갑상선암이 있는 것 같다며 큰 병원으로 바로 가보라고 하셨다.

'네? 암이요…? 내가 암이라니….'

목이 뻐근하고 불편했던 건 어느새 사라지고 온몸에 혈압이 오르는 듯 느껴졌고 갑자기 심한 두통과 함께 얼굴까지 화끈거렸다.

그날 바로 대형병원으로 옮겨 초음파 검사와 조직 검사를 다시 받게 되었다. 그리고 일주일 동안 마음을 졸이며 검사 결과만을 기다렸다. 결과는 불행히도 암이 맞았다.

'아… 이젠 암까지 걸린다고?'

나는 늘 다른 사람보다 유난히도 여러 가지 경험이 많다고 생각을 했다. 하느님께서 여러 가지 체험을 통하여 삶 속에서 나를 가르치신다고 느끼고 있었다.

이제 암까지 겪게 되는구나…

병원 검사 결과는 갑상선암으로 한쪽에만 0.6mm의 작은 크기였다. 몇 분의 의사 선생님들은 오히려 어떻게 알고 병원을 찾았는지 물어볼 정도였고 요즘은 크게 걱정할 것 없다며 위로도 해주셨다.

대형병원은 수술 환자들의 대기가 많았기 때문에 일반 수술은 한 달 정도 기다려야 했고 목에 흉터가 남지 않는 로봇수술은 대기자가 많아 최소 6개월 이상, 수개월을 더 기다려야 수술 날짜를 잡을 수 있다고 했다. 로봇수술은 목에 상처가 생기지 않기에 더 선호하는 수술이었다. 참을성이 없는 나는 6개월 이상, 수개월을 기다릴 수 없었고, 일반 수술로 최대한 빠른 날을 잡았다. 그렇게 해서 병원에 입원하게 된 날짜가 견진성사를 본 다음 날로 잡혔다. 일요일에 견진성사, 다음 날에 입원, 그다음 날 수술이었다.

마침, 그 시기엔 내가 견진성사를 보기로 되어 있었다. 회개를 한 이후 결심한 일이기도 했다. 첫영성체 후, 너무 오랜 세월이 지나 견진성사를 보게 된 것에 대해서 예수님께 무척 면목 없었고 죄송한 마음이었다. 견진성사 전 약 한 달 동안 미사 후 교리가 있었는데 죄송한 만큼 더 정성껏 경건히 준비하겠다고 주님과 약속했었다. 나에게도 무엇보다 중요한 일이었다.

그런데 내가 암 진단을 받게 되면서 모든 게 깨지는 듯했고 그 기쁨과 다짐도 싸늘히 식어버렸다. 큰 두려움이 있을 때 하느님께 의탁하며 매달릴 만도 한데 오히려 더 기도가 나오지 않았고 틈틈이 시간 날 땐, 인터넷에 있는 관련 자료나 다른 사람들의 경험담만 계속해서 찾고 있었다.

내 불안감을 떨쳐보려 해도 온통 어두운 마음과 두려움으로 가득했고, 나를 지켜주지 않으시는 예수님에 대한 실망감, 그리고 다시 혼자가 된 느낌이었다. 불안과 두려운 감정이 떨쳐지지 않았고 내 마음은 온통 심란하기만 했다. 정성껏 준비하기로 한 견진성사는 미사 후 교리만 간신히 참여하였고 미사도, 견진 교리도 전혀 집중되지 않았다. 오로지 머릿속은 병과 수술에 대한 두려움으로 다른 생각을 할 수가 없었다.

드디어 내일이면 견진성사가 있는 날이었고 오늘은 마지막 교리가 있었다. 그동안 열심히 준비하겠다는 주님과의 약속을 저버려서 성당에 출발하기 전 주님께 기도를 드렸다.

'주님 제가 드린 약속을 하나도 지키지 못했습니다. 정성껏 기쁘게 견진성사를 받고 준비하고 싶었지만, 도저히 그렇게 안 되었고 결국 너무 성의 없이 견진성사를 받게 되어 죄송합니다. 저의 잘못들을 용서해 주십시오.'

예수님께 죄송한 마음도 있었지만 이런 상황은 그 누구도 어쩔 수 없을 테니 주님께서 이해해 달라는 하소연의 짧은 기도였다. 그렇게 기도 후, 무겁고 우울한 마음으로 토요일 저녁미사에 갔다. 그날은 특히 성당에 빈자리가 없을 만큼 사람들로 꽉 차 있었고 나도 자리를 잡고 앉았다. 입당성가가 시작되기 바로 전, 성당 제대 중앙의 십자가를 올려다보았는데 그 순간 주님의 아름다운 목소리가 성당 안에 크게 울렸다.

"두려워하지 마라. 너와 항상 함께 있고 너를 완전하게 지켜주겠다(보호하겠다)."

그 순간 또다시 머리를 '쾅' 하며 맞는 듯했다.
생각지 못한 순간이었고 너무 놀랐다. 따뜻한 위로의 말씀에 나는 다시 완전히 무너지는 것 같았다.

'내 곁에 하느님께서 함께 계시며 나의 모든 걸 알고 계신다…'

갑자기 들려온 말씀은 성당 안에서 크게 울렸고 너무나 따뜻하고 다정한 위로의 말씀이었다. 주님께서는 내게 용기를 주시며 항상 함께하시고 완전하게 지켜줄 것이며 아무것도 걱정할 것이 없게 하겠다고 강한 확신을 주셨다. 사람들로 성당 안은 꽉 차 있었고 미사는 시작되고 있었지만, 주님의 말씀은 나에게 하신 말씀이었고 나만 들을 수 있었다.

나는 곧바로 내 믿음이 약했던 점에 대해 뉘우쳤고 기쁨과 위로의 눈물이 계속 흘렀다. 예수님께서는 정확히 나의 모든 상황을 알고 계셨고 곁에서 지켜보고 계셨던 것이다. 또다시 믿지 않고 배신을 한 나에게 먼저 다가와 따뜻하게 손을 잡아주시며, 걱정하지 말라고 굳건한 약속과 다정한 위로를 주셨다.

'이런 나에게… 또다시 위로해 주시는 주님….'

미사 시간 동안 흐르는 눈물을 계속 참으려 노력했지만, 내 반성의 눈물은 그칠 줄 몰랐다. 그날은 어떻게 미사와 교리가 끝났는지 모른다. 너무 큰 위로와 따뜻함을 받았고 행복하고 감사한 순간이었다. 하느님의 말씀으로 위로를 받은 직후, 내 생각은 한순간 모두 바뀌었다.

이 경험은 나에게 기적과 같다. 우선 머릿속 걱정들이 정말 완벽하게 사라져 버린 점이다. 나의 두려움과 걱정을 모두 사라지게 하셨다. 암, 수술, 수술 후의 결과 등에 대해서 더 이상 걱정되지 않았다. 이는 주님의 말씀으로 변화된 것이며, 내가 아닌 분명 하느님께서 모든 걱정과 두려움을 없애신 게 맞다. 그 대신 평화, 완전한 평화와 행복만이 가득했다. 온 정신을 지배하던 근심들이 한순간에 모두 사라지는 일은 절대 불가능한 일임을 수술을 앞둔 사람들은 모두 공감할 것이다.

주님이 하신 말씀으로 두려움과 걱정이 완벽하게 사라지며 초조하고 불안했던 내가 조금 전과는 완전히 다른 사람, 모든 게 감사하고 행복한 사람이 되어 있었다. 주님의 따뜻한 위로는 한순간에 모든 상황을 바꾸셨고 이 일은 나에게 보여주신 두 번째 큰 기적이다.

견진성사를 기쁘게 받을 수 있도록 나를 먼저 용서하셨고 은총의 선물을 베푸셨다. 미사 드리러 오기 전에 드린 하소연 같은 기도에도 너그럽게 바로 응답을 해주셨고 나의 약한 믿음, 시련을 주신 것에 대한 원망, 주님을 찾고 의지하지 않았던 것, 그 모든 잘못들을 기꺼이 용서해 주시며 곁에서 완전하게 보호해 주시겠다고 약속해 주셨다.

견진성사를 받은 날은 잊지 못할 정도로 더없이 가장 행복한 날이었다. 눈물이 계속 날까 걱정이 들기도 했지만, 그날은 웃음과 기쁨과 행복만을 주셨다.

어릴 적 동네 이모님께서 대모를 해주시기 위해 멀리까지 와주셨고 많은 축하와 선물도 받았다. 또 기억에 남는 건 대모님 옆자리의 한 아주머니께서 나를 계속 보시더니 얼굴이 천사 같다고 덕담의 말씀을 해주셨다. 그냥 축하의 의미로 하신 말씀인 걸 알았지만, 이 나이에 이런 칭찬을 듣다니… 너무 어울리지 않은 칭찬이라서 놀랐고 창피했지만, 어린아이처럼 기분은 좋았다.

그날의 내 얼굴엔 누가 보아도 걱정과 근심이 아닌 기쁨으로 가득 차 있어 그런 말을 들었을 것이다.

다음 날, 병원에 입원했고 일반 수술로 예정되어 있던 수술이 로봇수술로 변경되어 있었다. 내가 흉터 걱정으로 그 수술을 원한다는 걸 아시고 선생님께서 어렵게 바꿔주셨다.

수술 날, 수술대기실에서도 나의 마음은 평화롭고 덤덤했다. 주님께서 함께하심을 알았기에 더 이상 불안함이 없었고 온전히 나를 의탁할 수 있었다. 불안해 보이는 다른 환자들을 위해서 마음속으로 잠시나마 기도해 줄 수 있었고, 그렇게 나의 평화를 나눌 수 있었다. 수술하는 동안에도 나는 주님의 보호 안에 있었고 의사 선생님께서도 잘 끝났다고 하셨다.

모두 다 주님께서 하신 일이며 주님의 참평화가 무엇인지 알게 되었다.

수술이 끝난 후, 병실에서 쉬고 있을 때 병원 내에서 봉사하시는 수녀님께서 기도를 해주기 위해 방문하셨다. 그 수녀님께 오히려 내게 일어난 기적 같은 일, 하느님께서 두려움을 완전히 없애신 일과 위로받은 일들을 짧게 털어놓았다. 수녀님께서는 나와 같은 사람을 처음 본 듯 조금 당황해하셨다.

그러나 그때에는 내가 얼마나 큰 위로와 평화를 받고 있는지 나도 잘 몰랐던 것 같다. 주님께 진심으로 감사드리지 못한 채 정신없이 하루하루가 지나갔다.

성당 안에서 받은 위로는 영원한 약속을 받은 것처럼 내게 힘이 되는 말이었고 그 누구의 위로, 의사 선생님과 가족들의 위로와도 견줄 수 없다는 것을 알게 되었다.

하느님과 함께할 때 세상의 모든 두려움은 사라진다. 나를 온전히 의탁할 수 있었다. 이렇게 주님의 평화를 받는다면, 죽음 앞에서도 두렵지 않겠다고 생각이 들었다.

'믿음이 부족한 저를 계속 지켜주시고 함께해 주시는 주님…

감사하다는 말, 사랑한다는 말로는 다 표현할 수 없을 만큼 사랑합니다.'

그 당시의 나는 절박함에 예수님을 찾고 짧은 기도는 했겠지만, 온전히 의탁하지 않았고 주님의 위로를 기대하지도, 청하지도 않았다. 내가 감당할 일, 나 스스로 극복해야 하는 일이라고만 생각하고 있었다. 주님과 함께하겠다고 정성 들여 견진성사를 받겠다고 약속을 드렸지만, 내 걱정이 앞서자 주님과의 약속은 모두 뒤로한 채 오로지 나 자신만 생각하고 있었다. 그런데도 나에게 다시 다가와 주셨고 모두 용서해 주셨다.

많은 사람들에겐 예고 없이 큰 불행이 찾아오기도 하고 오랜 기간 투병생활을 하기도 하며, 더 이상 희망 없이 고통 속에 사는 사람들도 넘쳐난다. 이런 사람들에게 내 경험의 이야기는 황당할 것 같고 어쩌면 죄송스럽기까지 할 이야기다. 그래서 이 일은 사실 꺼내기 어려운 일이기도 하다. 희망이 없는 절망에 빠진 분들에게 내가 무슨 위로의 말을 할 수 있을까…? 그러나 이렇게 내 경험을 이야기하는 건, 주님께서는 우리에게 위로와 평화를 주실 수 있는 분이시기 때문이다. 고통과 두려움을 없애시며 참 평화를 주시고, 기쁨과 행복의 길로 인도하신다는 것을 나는 깨달았다.

주님의 위로와 평화는 이 세상 사람들의 위로와는 달랐다.

주님의 위로와 평화를 받는 것은 어떤 고통의 상황도 극복할 수 있는 힘이 되어주고, 고통의 순간까지도 기쁨과 신비로 가득 찬다.

이 일은 나만이 특별해서가 아닐 것이며 이 은총은 주님께서 당신의 자녀들에게 베푸시는 선물이다. 안타깝게도 우리가 주님의 은총을 미처 깨닫지 못하고 살아가고 있는 것이다.

우리가 주님의 사랑과 은총을 믿지 못하며 온전한 자녀가 되지 못했고, 주님을 알아보지 못하고 다가가지 않았기에 주님의 평화를 받지 못한 것이었다.

주님께 사랑받는 자녀, 더 가까운 사이가 되기 위해서는 다름이 아닌 우리의 믿음에 달려 있다.

우리는 이미 주님의 소유이며 자녀이지만 우리도 주님의 자녀답게 분명한 길을 선택해야 한다. 주님과 함께 빛 속에 살아야 한다. 즉, 말로만이 아닌 실천이 따라야 하며 내 삶 속에서 악을 끊고 주님을 닮아가려는 노력이 필요하다. 주님의 자녀임을 잊지 않고 마음에 새기며 살아야 한다. 그렇게 주님을 따르는 자녀가 되어 아버지께 의탁한다면, 주님께서도 안타까운 상황의 우리를 버려두지 않으시고 안전하게 보호하신다. 자녀들이 악에 빠지거나 고통에 빠질 때, 외면하지 않으시며 가장 좋은 길로 이끌어 주신다.

주님의 평화는 이 세상에 어떠한 것과도 견줄 수 없으며 모든 것을 이겨낼 수 있는 힘과 우리의 안식처가 되어준다.

11.

감히 누구를 차별하느냐

코로나19가 시작되면서 해외에 계시던 아버지가 갑자기 한국에 들어오시게 되었다. 부모님은 살던 고향 집을 이미 정리해서 집이 없는 상태였고, 같이 살게 되면서 식구가 많아지자 좀 더 넓은 집으로 옮기기로 했다. 그렇게 결정하고 집을 내놓았는데, 예상과 다르게 3일 만에 그것도 주말 사이에 집이 팔려버렸다.

이사 갈 곳을 정하지 않았지만, 앞으로 서서히 찾아보자는 식으로 느긋하게 생각하고 있었는데 너무 뜻밖의 상황으로 마음이 다급해졌다. 예수님께 절로 기도가 나왔다.

'주님, 저의 욕심은 내려놓겠습니다. 제가 원하는 곳이 아닌 부모님이 건강하고 행복할 수 있는 곳으로 새로운 집을 찾게 해주세요.'

지금의 집보다 좀 더 건강하고 행복한 집, 산책할 곳과 나무와 숲이 많기를 바랐고 볕이 잘 드는 따뜻한 집이면 좋겠다고 생각했다.

'주님께서는 그래도 나의 선택보다 더 나은 곳을 마련해 주시겠지…'

주님께 맡기고 의지하기로 했다. 딱히 다른 방법도 없었다.

급히 집을 찾다가 맘에 든 곳이 생겼다. 도시 외곽에 위치했지만, 지하철과 가까운 편이고 주변이 조용했고 무엇보다 자연 친화적인 환경으로 주변에 공원 숲과 나무가 많았다. 내부까지도 모두 맘에 들었다. 도심 중심과는 거리가 멀어진 것 외에는 우리가 찾던 조건과 비슷했고 부모님도 좋아하셨기에 고민할 겨를도 없이 급하게 계약을 했다.

그런데 며칠 지나, 멀지 않은 곳에 교정 시설이 있다는 걸 알게 되었다. 우리 식구들은 이사 갈 지역에 대해 잘 몰랐다. 집과 주변의 숲과 지하철이 가까워 좋다고 결정했는데…

그때부터 급하게 결정하고 더 알아보지 않은 것 때문에 서로 탓을 하며 가족과 다툼이 벌어졌다. 부모님께선 그게 무슨 상관이 있냐며 괜찮다고 하셨지만 나는 신경이 쓰였고 가장 화를 많이 내고 있는 사람도 바로 나였다.

'이제 어떻게 해야 하지…?'

꼼꼼하지 못했던 나 자신과 주변 시설과 환경에 대해 모두 말해주지 않은 부동산 사장님께도 화가 나 있었다. 그렇게 여러 가지 고민과 생각에 쌓여 있다가 그날 주일미사에 참석했다.

미사가 시작되었지만, 그 미사에 전혀 집중하지 못하고 있었고 내 생각들에 쌓여 있었다. 그러던 중 갑자기 하느님의 음성이 또다시 성당 안에서 크게 들려왔다.

"(내가 너를 어떻게 가르쳤는데) 네가 감히 뭐라고 내 자식들을 차별하느냐!!!"

주님의 말씀과 함께 내 가슴에는 어떤 힘의 압력이 훅 하고 미는 느낌이 가해졌다. 마치 무림소설에나 나오는 장풍을 쏘는 것처럼 공기 중의 압력으로 내 가슴에 어떤 충격을 주었다. 주님의 말씀과 이 충격도 물론 나만 느낄 수 있었다.

나는 그 순간 나의 잘못들과 주님의 뜻을 모두 알았다. 그리고 이 일에 이토록 화를 내시는 것에 나도 무척 당황했고 신체적으로 충격을 주신다는 것에도 크게 놀랐다. 하느님의 음성은 분명 같았지만 이번에는 따뜻한 위로와 사랑의 말씀이 아니었다. 엄하게 꾸짖는 말씀이셨고 나의 잘못에 대하여 따끔하게 그리고 단호하게 화를 내신 것이었다.

하느님께서는 사람들에 대한 차별과 편견을 가장 싫어하신다는 것을 분명하게 드러내셨고 어떠한 잘못을 한 사람들도 모두 당신의 사랑하는 자녀임을 분명하게 알게 하셨다.

'제가 잘못했습니다. 아무것도 아닌 제가 감히 사람을 차별하였습니다. 또다시 주님께 죄를 지었습니다… 저는 이것밖에 안 되는 사람입니다….'

주님의 말씀을 듣는 순간 곧바로 내 잘못된 생각과 행동들을 모두 깨닫게 되었고 나의 죄와 부끄러움을 느꼈다. 사람을 차별하는 일은 어떠한 죄보다 큰 죄이며 우리 모두는 주님의 창조물이며 주님의 사랑받는 자녀이고 서로 형제이다.

　나는 그때의 내 상황이 죄를 짓고 있다고 깊이 생각하지 못했지만, 성령으로 잘못들을 깨닫고 인정하게 하셨고, 잘못했다고 마음속으로 계속 용서를 빌고 또 빌었다.

　그때까지 나는 나 스스로가 다른 사람을 차별하지 않는다고 믿고 있었다. 내가 가장 싫어하는 사람도 다름 아닌 힘이 없는 가난한 사람들과 약자들에게 함부로 하거나 차별하는 사람들이었다. 자신의 힘과 권력을 믿고 겸손하지 못한 사람, 남에게 그 힘을 과시하는 사람이었다. 그런데 내가 그 누구보다도 심한 차별과 편견을 가지고 있었다. 이런 나의 부끄러운 행동에 미사 내내 고개를 들을 수 없었다.

　주님께서 주신 지금의 이 집은 우리에게 알맞은 선물과 같이 따뜻하고 아름다우며 맘에 드는 곳이기도 하다. 집을 구하며 급하게 청했던 그때의 기도는 모두 들어주신 것 같다. 부모님께서는 이곳에서 모든 걱정이 없이 마냥 행복해하시고 마음의 평화가 있다고 말씀하신다.

　주님께서는 지금도 우리의 모든 상황을 보고 계시며 알고 계신다.

　우리의 생각과 마음, 미처 깨닫지 못한 잘못까지도…

　우리가 어떠한 선택과 급한 상황을 마주할 때 먼저 주님을 찾고 기도로 의탁한다면, 그 기도를 신속히 들으시고 더 나은 선택과 방향을 알려주시며 마련해 주신다. 우리 삶 속에서 보이지 않게 인도해 주시며 우리에게 가장 알맞은 선택을 내려주신다.

12.

진짜 행복,
행복이 넘칠 때의 변화

나 스스로도 조금은 낯설기도 한 경험, 새로운 곳으로 이사를 온 이후 어느 날 갑자기 하게 된 경험이다.

주말 아침 산책하기 위해 집 근처 가까운 하천공원으로 나갔다. 하천을 따라 운동하기 좋아서 근처 이웃 사람들이 많이 찾는 곳이다. 그날은 이유도 없이 기분이 상쾌하고 행복했다.

화창한 날씨, 하늘도 맑고 바람도 좋아 걷기 좋은 날이었다. 혼자 걷는 여유로움이 즐거웠고 하늘을 보며 하느님께 감사의 인사를 전했다. 산책하며 나 스스로 행복이 넘치는 듯 느껴졌고 어느 순간 나도 모르게 한 명 한 명 스쳐 지나가는 사람들에게 주님의 축복을 빌고 있었다.

어르신들께 건강과 평화를, 몸이 불편해 보이는 분들께는 괴롭거나 힘들지 않게, 그리고 마음만은 늘 행복하시길, 젊은 사람들에게도 희망으로 용기 내어 살아가길…

지나치는 한 명 한 명 모두에게 축복과 하느님의 은총을 빌고 있었다. 한 번도 생각해 보지 않았던 일이었다. 그 일은 나도 모

82

르게 자연스럽게 우러나와서 나 자신도 놀라웠다.

그곳에서 지나치는 사람들에게 말로 건넨 것이 아닌, 내 마음 속으로 짧은 화살기도와 함께 눈빛으로 하느님의 축복을 빌어준 거다. 대부분의 사람들은 나와 눈이 마주치지 않았고 나를 쳐다보는 사람도 없었다.

'아… 주님께서는 우리 모두를 보고 계시고 한 사람, 한 사람에게 사랑을 주시는 거구나….'

나는 비밀스럽게 사람들에게 축복을 빌어주며 마치 다른 사람이 된 것 같았다. 지나치는 모든 사람들이 나와 더 가까운 사이처럼 느껴졌고, 별거 아닌 일인데도 즐거운 일임을 알게 되었다.

한 명도 놓치고 싶지 않았다.

'내가 줄 게 없으니 주님의 축복이라도 빌어주자….'

그렇게 지나치는 사람들에게 기도와 축복을 빌어주었는데, 그 사람들에게 정말 하느님의 축복이 갈 것 같았다. 그리고 나는 집에 돌아와서도 행복감이 내내 사라지지 않았고 마음이 기쁨으로 충만해 부자가 된 것 같았다. 많은 사람들에게 사랑을 나눴지만 하느님께서는 내 마음에 더 가득히 채워주셨다.

나는 하느님께 사랑을 많이 받아왔다. 하느님의 사랑은 이 세상의 어떤 사랑을 받는 것과는 비교할 수 없을 만큼 기쁨과 행복함이 크다. 그리고 항상 주변 사람들에게도 늘 과분한 사랑을 받기만 했었다. 그게 감사한 일인지, 얼마나 사랑을 받으며 살았는지 그때는 몰랐고, 그 사람들에게 다시 돌려줄 줄을 몰랐었다. 당연하게 생각하며 살았다. 어쩌면 그동안 나도 모르게 많은 친구들에게 상처를 줬을 수도 있다. 그리고 더 잘해주지 못한 모든 친구들과 이미 헤어진 많은 사람들에게 미안하고 고맙다고 말하고 싶다.

어릴 적 깨닫지 못했지만 이젠 적어도 받은 만큼은, 그 받은 사랑을 꼭 다른 사람들에게 나눠줘야 함을 안다.

나는 이 세상의 모든 사람들이 과분한 사랑을 받고 느끼며 살았으면 좋겠고, 그 사랑을 서로 나눌 수 있을 정도로 행복하면 좋겠다.

나도 한 번도 생각해 보지 않았던, 갑자기 하게 된 일이었지만, 이는 하느님께서 나에게 주신 기쁨과 행복이 넘쳐흘러서 내 이웃에게까지 흘러가는 것 같다. 지금은 그날처럼은 아니지만 가끔씩 지나치는 아이들과 몸이 불편해 보이는 사람들에게 마음속으로 하느님의 은총과 자비를 청하며 짧게라도 기도를 하게 된다. 정성스러운 기도는 아니다. 그리고 대단한 일도 아닌, 가장 쉬운 일이었다. 그러나 누군가를 위한 조건 없는 기도와 바람은 주님께서 늘 들어주신다고 믿고 있고 무엇보다 누군가를 위해 내어주는 나 스스로가 뿌듯하고 기분 좋은 일이다.

눈부시게 맑은 날, 그날의 산책은 오래 기억될 것이다. 너무나 기분 좋은 평화로운 날이었다.

'두려워하지 말고 마음에 평화가 있기를….'
'하느님의 은총과 사랑으로 구원받으시길….'

13.

내가 너의 아버지다

2020년 10월 말, 새로운 곳으로 이사 왔을 땐 COVID-19(코로나) 유행 무렵이었고, 모임 제한 방침에 따라 모든 성당의 미사는 한동안 제한되었다. 제한된 인원만 성당에 나갈 수 있었고 TV 방송 시청으로 미사를 드리던 때이다. 새로 이사 온 집과 성당은 거리가 있었고, 점점 비대면이 익숙해지며 방송으로 하는 미사가 편하게도 느껴졌다. 서서히 제한이 풀리기 시작하자 우리 가족들도 가장 가까운 성당으로 나가게 되었다. 나는 감기 기운 때문에 바로 나가지 못하고 집에서 방송으로 미사를 보았었다. 미사를 다녀온 언니는 주보를 보여주면서 성당에서 초등부 주일학교 교사를 모집하고 있다고 알려주었다. 네가 해보면 어떻겠냐고…

언니는 내가 교사를 하게 될 것 같은 느낌이 든다면서 강한 확신으로 나에게 말해주었다.

생각지도 않았던 갑작스러운 제안이었지만, '내가 해도 될까?'라는 생각이 들었다.

새로운 성당에 대해서는 전혀 아는 게 없었고, 어떤 신부님이 신지도 전혀 몰랐지만 차라리 아무것도 모르고 시작하는 게 나을지도 모르겠다고 생각했다. 하느님께서 날 가르치시고 이끄심을 알고 있었고, 나도 뭐라도 주님께 받은 사랑을 갚아야 할 것 같았다. 많이 늦었지만 서서히 주님의 일을 찾아야겠다는 생각이 들었다. 이렇게 계속 미루기만 해서는 앞으로도 영영 주님 앞에 나서지 못할 것 같았다. 성당에서 교사로 받아준다면, 도움이 되는 작은 일부터 시작해 보겠다고 결심했다.

나는 그동안 주일학교 교사 일뿐만 아니라 성당에서 봉사 일을 단 한 번도 한 적이 없었다. 그러니 주일학교 교사의 일이 어떤 임무를 맡아 해야 하는지도 잘 몰랐다.

'서서히 배우면서 시작하면 되는 거겠지.'

일단 그런 단순한 생각으로 시작한 일이었다. 그때까지만 해도 교사로서의 나의 자격, 성격, 경험 등 더 깊이 생각하지 못한 채, 신부님께 전화를 걸었다. 일단 한번 도전해 보자 하는 심정으로…

봉사를 해본 적이 없어서 먼저 신부님께 몇 가지 질문을 드렸다. 경험도 다른 봉사도 해보지 않았는데 가능한 일인지, 교사들에게 지도 교육을 해주시는지…

신부님께 교사 경험과 다른 봉사도 해보지 않았다고 말씀드렸고, 경험이 없지만 할 수 있는 일인지 문의드렸다. 그리고 내 일을 하면서도 주일학교 교사가 가능한지 마지막으로 확인했다. 신부님께서는 누구나 할 수 있는 일이며, 교사에게 지도 교육을 해주신다고 말씀해 주셨고 걱정하지 않아도 된다고 말씀하셨다. 그렇게 그날, 갑작스럽게 바로 주일학교 교사가 되기로 결정했다.

코로나 시기였기에 처음에는 온라인(화상회의)으로 신부님께서 매주 교육을 해주셨고 신입 교사들이 받는 기본적인 교육도 받았다. 기본 교육을 마치고 대면 미사가 가능해지면서, 토요일 어린이 미사가 시작되었고, 드디어 교사로서 미사에 참여하게 되었다.

어린이 미사가 시작된 첫날, 아이들과 인사하며 이름표 챙겨주기, 손 소독해 주기, 체온 측정해 주는 일을 맡게 되었다. 단순한 일을 맡았지만, 이런 봉사 경험이 전혀 없는 난 무척 어색했다. 무엇보다 나 스스로가 부자연스러웠고 전혀 어울리지 못해서 창피하다고 생각했다.

낯선 성당의 분위기, 그리고 새로운 사람들…

개인 사업에 익숙한 내가 갑자기 여러 사람들을 대면하는 일, 특히, 어린아이들에게 어떻게 친절하게 다가가야 할지 더욱 어렵게 느껴졌다. 내가 이 성당에 처음 온 낯선 사람이었기에 아이들과 부모님들 모두 어리둥절해할 것 같았다. 호기심 어린 시선을 느끼며 나 역시 더욱 자연스럽지 못하고 긴장되었다.

'이렇게 쉬운 일조차도 어려워하다니….'

나 자신이 한심스럽게 느껴졌다. 일과 관련된 사람들과의 관계에만 익숙했던 나는 봉사자로서의 마음가짐과 태도에 대해 미처 생각해 보지 못했다.

다행히도 함께 시작한 선생님들은 교사 경험과 봉사 경험도 많으셔서 이것저것 알려주시며 친절하게 잘 이끌어 주셨다.

'아… 나와 맞는 일이 아니었어. 내가 너무 생각 없이 한다고 했을까?'

'주님, 제가 지금 이곳에 있는 게 맞는 건가요?'

이날, 어린이 미사 첫날은 내 인생에서 가장 어색한 순간으로 기억될 것 같았다. 일주일에 몇 시간, 단순한 봉사 일이라고 너무 간단하게 생각한 건 아닌지, 하느님을 위해 작은 일이라도 시작한 일이었지만, 안타깝게도 이 일은 나와 영 어울리지 않아 보였다. 갑자기 책임감과 부담감으로 걱정이 들었다.

모든 일을 끝마치고 집에 돌아오던 중 신중한 결정 없이 봉사일을 하겠다고 한 나 자신에게 화가 났다. 집에 들어오자마자 주님께 기도가 절로 나왔다. 성당에 오히려 누를 끼치는 것 같았고 내가 자격이 없는 것 같다는 하소연의 기도를 쏟아냈다.

'하나도 모르는 제가 이제 어쩌면 좋습니까?'

나와 맞지 않는 일을 괜히 시작했다는 후회와 내 답답한 심정을 아이들이 투정하듯 불만을 터트리고 있었다. 이때, 주님의 따뜻한 목소리가 들려왔다.

"내가 너의 아버지다."

내 방 안에서 울린 주님의 목소리, 짧지만 강하게 다정한 말씀을 해주셨다.

나의 심정을 이미 다 알고 계시다는 듯 달래주시며 말씀해 주셨고, '아버지'라는 말씀 속에는 나만 믿으면 된다는 확신의 의미가 담겨 있었다. 늘 그렇지만 갑작스러운 말씀에 또 화들짝 놀랐다. '아버지…?' 그 한 말씀에 나의 모든 불평은 순식간에 사라져 버렸다. 내가 기댈 수 있고 나를 돌보신다는 의미로 다가왔고 모든 걱정에 위로가 되었다. 날 자녀로 생각해 주신다는 것에 힘이 생겼고 언제 화가 났었냐는 듯 곧바로 기분이 너무 행복해졌다.

'내가 너의 아버지인데 무얼 걱정하느냐… 너의 곁에서 항상 지켜주겠다! 아버지가 다 도와주겠다!'

아버지라는 그 짧은 말씀은 이렇게 많은 위로를 해주었고 나는 기쁨과 행복으로 가득 차 더 이상 고민하지 않았다.

역시 하느님께서는 내가 하는 모든 걸 지켜보고 계셨고, 내 걱정스러운 마음도 부족함도 다 알고 계셨다. 작은 일이라도 시작한 나에게 분명 흐뭇해하셨다. 이 일이 하느님께서 나에게 원하시던 일인지 잘 모르겠지만, 그 한 말씀으로 일단 주님께 응원과 격려는 충분히 받았다. 어쩌면 이 일을 하도록 주님께서 이끄신 것 같았다.

나는 그동안 주님께 약간의 두려움을 가지고 있었고 늘 스스로 죄인이라 느끼고 있었기에 감히 아버지라 부르지 못했었다. 처음 꿈에서 본 예수님이 너무 영광스럽고 나와 비교할 수 없는 분이셨기 때문에 감히 가까운 사이라고 생각하지 못했다. 주님께서 부족한 나에게 친히 아버지라 말씀해 주신 이후엔 나도 아버지, 아빠처럼 더 가깝게 느끼게 되었고 그 약속은 나와 영원히 깨지지 않을 것이란 것도 믿게 되었다.

한번 자녀는 영원하니까… 아버지의 말씀은 단 한 번도 틀린 적이 없으시다.

아버지와 딸로 더 가까운 사이가 되면서 느낀 변화라면, 이제 나도 주님을 더욱 자주 찾게 되었고, 사랑한다는 걸 알게 되었으며 내 곁에 안 계신다면 내가 너무 힘들 것 같았다. 언제나 나의 마음을 가장 잘 알고 보호해 주시는 아버지이시다.

나도 주님께 가장 사랑받는 딸이고 싶은 욕심이 생겼다.

주님께서는 "내가 너의 아버지다." 하시며 내가 다 지켜주고 도와주겠다고 하셨던 약속을 지켜주셨다. 그 말씀과 함께 다음 미사부터는 조금씩 적응이 되면서 즐겁고 편안해졌다. 무엇보다 즐거운 어린이 미사, 나에게도 기쁨과 보람도 생겨났다. 다른 사람들은 느끼지 못하겠지만 언제나 내 곁에서 힘이 되어주시며 어린이 미사를 도와주심을 나는 느낄 수 있었다.

"내가 너의 아버지다."

이 짧은 말씀은 나에게 가장 소중한 말씀이며 행복과 평화, 힘이 되는 말씀이시다.

'아버지, 저도 아버지의 가장 사랑받는 딸이 되고 싶습니다.'

14.

예수님의 깊은 고통과 슬픔

어느 날 저녁, 뉴스를 보며 점점 세상이 어둠으로 가고 있는 것 같아서 걱정스럽기도 하고 심란한 마음이 들었다. 아직도 코로나는 완벽히 잡히지 않고 있고, 한 곳에서는 동계올림픽이 화려하게 열리고 있고, 곳곳에 전쟁으로 서로를 파괴하는 잔인하고 참혹한 상황이 벌어지고 있다. 점점 나라마다, 사람들마다 서로 이기적으로, 적대적으로 돌아가는 세상이 희망적이지 않아 보이며 물가 상승 인플레이션이 오랫동안 지속될 거라는 안 좋은 뉴스뿐이었다.

'다시 이전과 같은 걱정 없는 세상이 올까?

아님, 지금이 가장 행복한 순간들일까?'

현재 나의 삶은 더없이 편안하지만, 세상이 우울하게 느껴지며 이유 없이 겁도 났다.

다음 날 토요일 아침, 나는 잠에서 깨어난 이후 평소와 좀 달랐다. 머릿속 생각이 복잡하면서, 세상이 너무 가슴 아프고, 슬프고, 외롭기도 했다. 갑자기 든 이런 감정이 내게 복잡 미묘하게 다가왔고 나 스스로도 멘털이 이상하게 느껴졌다.

머릿속에서 멈추지 않고 전쟁, 폐허, 난민들, 기후 현상 등, 계속 떠오르는 생각들 때문에 정신이 없을 정도였다.

'뭐지? 머리가 왜 이리 복잡하지? 생각들이 멈추지 않아….'

갑자기 왜 이런 건지, 내가 뭘 해야 하는 건지, 계속 혼란스럽기만 했다. 고통받는 세상이 한 장면, 한 장면 지속적으로 떠올랐고, 그 새로운 영상들이 머릿속에서 떠나지 않고 계속해서 맴돌았다. 마치 재난 영화를 보고 있는 것처럼…

한 번도 본 적 없는 장면과 고통스러운 장면들이었다.

이렇게 떠오르는 생각들을 애써 지우려 했고, 피하려고 노력했지만 그 영상들은 내 머릿속에 꽉 차서 떠나지 않으며 계속 괴롭히는 듯했다. 세상의 걱정을 모두 다 내가 짊어지고 있는 느낌, 그러나 분명한 건 내 걱정이 아니었다. 전쟁, 가난, 기후, 난민, 질병 등 이런 사회적 문제들은 늘 있었던 일들이었기에 나에게 새로운 일도 충격도 아니었다. 또한 점점 이기적이고 개인적인 세상에서 이런 일들은 예상되는 일이기도 했다.

그런데, 영상만 떠오르는 것이 아닌, 세상의 슬픔과 안타까움, 절망적인 느낌까지 들며 모든 세상 사람들이 불쌍했다. 온 세상 모든 사람이 너무 불쌍해서 가슴이 아파 눈물이 나고 식사도 하고 싶지 않았고, 아무것도 할 수 없었다. 무기력하고 절망적인 생각들과 마음에 고통을 느끼며 정신적인 혼란에 빠졌다.

'내가 처음 겪는 이상한 현상… 이게 뭐지?'

이런 상태가 계속된다면, 앞으로 정상적으로 살아갈 수 없을 것 같았다.

아무런 생각 없이 지내던 때가 더 나은 걸까?

예수님을 점점 더 선명히 알아가면서, 나에게 혼란이 오는 것도 같았다. 모든 걱정과 슬픔이 나의 것이 아닌, 세상을 향한 걱정과 슬픔이었고 마치 예수님의 마음과 고통 속에 빠져 있는 듯했다.

'잠시 이러다가 지나가겠지? 괜찮아질 거야.'라는 생각을 했지만 종일 떠나지 않았고 점점 감당하기 힘들어지며 벗어나지 못했다. 내가 직접 겪는 것이 아닌, 세상의 고통을 떠오르는 영상으로 보는 것조차도 너무나 무겁고 힘겨운 일이었다. 나는 감당하기 힘들어 빨리 그 생각들을 모두 지우고 덜어내고 싶었다. 그 감정과 고통을 다른 누군가에게 털어놓으면 가벼워질 것도 같았다.

나의 생각을 나 스스로 컨트롤할 수 없었기에 점점 걱정이 들기 시작했다.

'갑자기 정신에 문제가 생긴 건 아닌가?'

누구에게도 말할 수 없는 일이기도 했고, 또 한편으로 걱정도 되어 누군가의 도움이 필요했다. 가족에겐 털어놓을 수가 없었다. 분명 대수롭지 않은 일로 생각하거나 어이없어할 게 분명했다.

다음 날 성당에서 만난 한 선생님에게 내 이야기를 조심히 털어놓았고, 그분은 경청하며 들어주셨다. 내 이야기를 들어주는 것만으로도 큰 위로가 되었다. 딱히 답을 받은 건 아니지만, 종일 떠나지 않았던 어두운 생각과 괴로움을 그분께 털어놓으며 서서히 머리가 맑아짐을 느꼈다. 아마도 그날의 내 이야기는 무척 횡설수설하고 알아듣기 힘든 말들이었을 것이다. 나조차도 정신이 없었고 어떻게 말해야 할지 몰랐고 어려운 이야기였다. 그분과 대화가 끝났을 땐, 신기하게도 우울하던 마음도 치유되는 것을 느낄 수 있었다.

정말 이상한 체험이었고 알 수 없는 일이었지만, 이 일로 인해 예수님의 고통과 슬픔, 괴로움을 조금이나마 이해할 수 있었다. 나에게 성령으로 세상의 고통과 현재 예수님의 괴로움을 체험하도록 하신 것 같았다.

예수님께서는 세상의 모든 사람을 자식처럼 사랑하고 아끼신다. 아니 그 사랑을 헤아릴 수 없을 만큼 우리를 깊이 사랑하신다. 예수님의 사랑은 고통스러운 세상, 굶주린 사람들, 난민들, 병으로 고통받는 사람들, 죄악에 빠진 사람들을 외면하지 못하신다. 세상에 가장 가난하고 고통받는 사람들의 편에 서시며 그 자녀들의 고통을 함께 느끼고 슬퍼하고 계신다. 우리 한 사람 한 사람을 모두 돌보시고 사랑하시기에 인류의 모든 고통을 짊어지고 계신다. 나는 예수님의 고통을 조금은 공감할 수 있었고 주님의 마음을 새롭게 느끼게 되었다.

나의 고민을 들어주신 선생님께서 며칠 후에 『성심의 메시지』

라는 책을 내게 선물로 주셨다. 그리고 그 책을 통해 내 체험의 이유를 정확히 알게 되었다. 내가 경험한 그 모든 생각과 감정들이 현재 예수님의 깊은 괴로움과 슬픔, 눈물이었다. 우리가 하느님의 자녀이며 예수님을 따르는 사람이라면 고통 속에 있는 사람들을 외면하지 않고, 그들의 힘이 되어주고 위로가 되어주길 원하셨다.

예수님을 사랑한다면 주님의 마음과 고통까지도 함께하고 알아봐 주길 원하셨다. 자비로운 마음을 닮길 바라시며 안타까운 세상에서 함께 힘이 되어주길 원하셨다.

이틀 동안의 내 감정은 인류의 혼돈과 고통, 슬픔 그 자체였고 곧, 예수님의 마음이었다.

이 시대를 함께 살아가고 있는 우리는 남이 아닌 내 형제, 이웃이다. 나 또한 이 세상의 고통을 너무나 모르고 외면하며 살고 있었다. 그리고 빠르게 잊어버린 채 살아간다. 이제라도 예수님께 작게나마 힘이 되어 그 길을 함께 걸어가겠다고, 이젠 나만을 봐달라고 하지 않고 다른 고통 속에 있는 사람들과 어둠 속에 있는 사람들을 보겠다고 다짐하였다. 우리를 위해 고통 속에 계신 예수님께 힘이 되어주고 싶고, 그 큰 고통을 함께 나누어 짊어지고 싶었다.

이 강렬했던 체험은 그렇게 조금씩 안정을 되찾으며 모든 생각이 사라졌고 완전하게 정상으로 돌아왔다. 이전과 같이 아무런 걱정 없는 평화로운 나로.

지금까지 내가 얼마나 행복한지, 내가 얼마나 이기적으로 살아가고 있는지, 이 평화가 얼마나 소중하고 감사한지를 다시 한번 느끼게 되었다. 주님께서는 나에게 당신의 마음을 보이셨고 아프고 힘드시고 지쳐 있음을 느끼게 하셨다. 그 마음을 깊이 알고 고통을 함께하며 위로해 주길 원하셨다.

그동안 우리를 이토록 사랑하시는지 몰랐고, 세상의 많은 죄와 고통의 짐을 모두 감당하시며 힘들어하시는 줄 전혀 몰랐다. 이러한 잠깐의 체험은 단 하루도 견디기 힘든 고통이었다. 우리가 자녀로서, 주님을 위한 위로는 다름 아닌 세상을 위한 기도와 모든 영혼들의 구원을 위한 기도이다. 주님을 닮아 함께 따르는 것이다. 힘을 합쳐 주님의 편에 서는 것이다.

15.

예수님과 성모님의
아름다움

성당 주일학교의 선생님께 고민을 털어놓았을 때『성심의 메시지』라는 책을 처음 선물로 받게 되었는데 그분은 그 이후에도 나에게 여러 권의 책을 선물로 주셨다. 지금 글을 쓰고 있는 최근까지도 책을 선물로 받았고 나의 영적인 성장에 큰 도움을 주시는 분이시다.

『성심의 메시지』,『준주성범』,『성녀 소화 데레사 자서전』,『그와 나』,『고백록』,『김대건 조선의 첫 사제』,『자비는 나의 사명』,『오상의 비오 신부 이야기』,『키아라의 선택』, 최근에 받은 책은『파티마』였다. 함께 교사가 되고 다음 해부터 2년이 안 된 기간 동안 이렇게 많은 책을 선물로 주셨다. 이 정도면 나를 가르치신 스승님이라 생각한다.

신기한 일은 그 책을 한 권씩 만나면서 나는 이 책들을 통해, 주님께서 나를 가르치시는 것과 나를 이끄시는 길을 발견하였고 그 길을 의심하지 않고 믿고 따르는 데에 많은 도움이 되었다.

그때에 필요한 마음과 용기를 주셨고 내가 궁금해하거나 확인받고 싶던 내용들, 하느님께서 어떤 방법으로 뜻을 이루시는지를 알 수 있었다. 그렇게 나에게 필요한 주님의 말씀이 책 속에 담겨 있었다. 또한 책을 통해 내가 이해하지 못했던 주님의 신비를 깨닫고 느끼게 되었다. 그래서 그분께서 선물로 주신 책은 주님께서 나에게 보내시는 선물이며 가르침이라는 걸 알았다.

책들을 읽으면서 직접 예수님의 말씀을 듣고 만나는 것처럼 너무 행복한 순간이었고 주님을 더욱 깊이 느끼게 되었다.

『준주성범』 책을 읽고 있을 때의 일이다.

그때에도 마치 예수님을 만난 듯 무척 행복했고 빨리 읽는 것이 아까울 정도로 즐거운 시간이었다. 책을 읽다 잠이 들었는데, 꿈속에서 예수님과 성모님을 차례로 만났다. 선명한 흑백 영상이었는데 꿈속의 장면은 예수님의 얼굴로 가득 차 있었다. 완전한 정면의 모습이 아닌 살짝 아래로 내려다보시는 모습이었다. 움직이지 않으셨지만 눈빛과 표정도 모두 살아 있는 얼굴 같았고 너무나 아름답고 인자하신 얼굴, 평화로우며 선하신 얼굴이었다. 예수님의 모습은 얼굴과 가슴까지만 보였고 주변은 여러 종류의 처음 본 많은 꽃으로 가득 둘러싸여 있었다. 그 꽃들은 피었다 졌다 하며 천천히 움직이고 있었다.

'와!!! 예수님이시다!'

꿈속에서 나는 입을 다물 수 없을 정도로 감탄했고 황홀해하며 바라보았다. 그 모습을 어떻게 표현해야 할지 모르겠다. 아찔할 정도로 경이로운 순간이었다. 그 순간을 놓칠 수 없어 최대한 예수님을 자세히 더 많이 눈에 담고 싶었다. 특별히 움직임은 없었지만, 인자한 미소를 머금은 얼굴을 또렷이 보여주셨다.

'꿈에서 본 예수님의 얼굴을 그대로 기억하고 담을 수 있다면, 난 평생 행복할 텐데….'

꿈속에서 예수님을 바라보며 놀랍고 행복한 순간에, 현실에서는 잠을 자고 있던 내 몸에 엄청난 성령이 흐르고 있음을 느꼈다.

머리에서부터 발끝까지…

성령의 강한 힘은 내 몸을 감싸면서 계속해서 흐르고 있었고 예수님의 얼굴을 보는 동안, 그리고 다음 성모님의 얼굴을 볼 때까지 한참 동안 계속되었다. 예수님의 얼굴이 사라지며 이번엔 아름다운 성모님의 얼굴이 나타났다.

'와!!! 성모님이시다!'

예수님의 모습과 같이 성모님께서도 약간 비스듬히 내려다보시는 모습이었다. 성모님의 아름다운 얼굴도 꿈속 가득히 보였고 많은 꽃에 둘러싸여 계셨다. 그 꿈을 최대한 붙잡고 싶었지만, 너무나 아쉽게도 잠깐 동안만 허락되었다. 신기하게도 이 체험은 꿈속에서 예수님과 성모님을 보고 만난 동시에 현실에서는 성령이 계속 흐르고 있음을 느낄 수 있었고 꿈이 아닌 현실의 생각들을 하고 있었다. 성모님을 보는 순간 그 황홀함에 내 인생에 있어 가장 큰 행복한 순간이라고 느낄 정도였다. 그리고 온몸에 흐르는 뜨거운 성령은 예수님과 성모님을 의심하지 않도록 성령께서 분명하게 확인시켜 주신 것이다.

예전에 꿈속에서 예수님을 보았지만 태양처럼 빛이 나는 얼굴로 자세히 바라볼 수 없었고 변모하신 예수님이셨다면, 이번에 본 예수님과 성모님의 얼굴은 흑백의 영상으로 뚜렷하고 선명하게 볼 수 있었다.

예수님과 성모님은 상상할 수 없을 정도로 너무나 아름다운 모습이었다. 그 얼굴에는 선하심과 위엄, 고귀함, 우아한 아름다움 등 어떠한 표현으로도 다 할 수 없을 정도로 아름다우셨다. 내가 생각했던 것보다 예수님과 성모님의 얼굴은 젊은 20대 정도의 모습이셨고, 큰 체격이 아닌 보통보다 더 아담한 체형인 것 같았다. 작고 갸름한 얼굴에 이목구비도 뚜렷하셨다.

내가 깨달은 건, 예수님과 성모님께서 아름다울 거라고 생각했지만 이렇게 아름다울 줄 몰랐다는 것이다. 하느님께서는 아들이신 예수님께 모든 권능과 영광을 주셨고 모든 영을 내리셨지만 그뿐만이 아니었다. 하느님께서는 자신의 아들에게 세상에서 가장 완벽한 아름다움과 선하심을 내리셨다.

나는 그 꿈 이후에 예수님과 성모님의 아름다움과 선함에 완전히 반해버렸다. 꿈에서 예수님과 성모님을 만나고 뵙게 된 것도 놀라웠지만 그보다 더 놀라운 건 예수님과 성모님의 아름다움과 황홀한 경험 때문이었다. 예수님과 성모님의 얼굴엔 티 없는 성심, 완전한 빛과 선, 사랑, 영광, 권능 모두 담겨 있었다.

이제까지 보지 못한 천국의 아름다움이라고 생각했고 기쁨이 넘쳐 어떠한 말로도 표현할 수 없었다. 그러나 꿈에서 깬 이후엔 기쁨도 컸지만 아쉬움이 더욱 컸다. 벌써 그리움이 생겼다.

'예수님과 성모님을 다시 만나게 될까….'
'내가 앞으로도 이 꿈을 영원히 잊지 않고 죽기 전까지 기억할 수 있을까….'

기약이 없는 짧은 만남은 슬픈 감정까지 들게 했다. 이 꿈으로 예수님과 성모님께서 직접 자신을 내게 드러내 주심으로써 나에 대한 사랑을 모두 표현해 주셨다고 생각한다. 비밀을 나눈 사이처럼 말이다. 그리고 책을 읽는 동안에 주님을 더 알고 싶고, 닮고 싶다고 바랐던 그 마음을 보시고 꿈을 통해 직접 나에게 확인시켜 주신 것이라고 생각한다.

주님과 성모님께서는 티 없이 맑고 깨끗하신 최고의 아름다운 모습을 나에게 보여주셨고 깨닫도록 하셨다. 생각지 못했던 가장 큰 놀라운 선물 같은 일이었고 그 선물은 정말 최고의 선물이었다.

이 꿈을 통해 내 욕심은 더 커져버렸다. 주님과 성모님께 더 깊이 사랑받고 싶은 욕심이 생겨났고 성모님의 고귀한 아름다움을 닮고 싶어졌다. 그리고 나도 예수님과 성모님을 너무 사랑하게 되었음을 다시 깨닫게 되었다.

어쩌면 예수님과 성모님을 뵌다면, 누구나 나처럼 깊은 사랑에 빠져버리는 어떠한 힘을 가지고 계신 것도 같았다. 잠시 꿈에서 보고 헤어졌지만 마치 사랑하는 사람을 떠나보내는 심정이었기 때문이다. 그리고 나는 언제나 그리워하게 될 것을 알았다.

'또다시 날 만나러 와주실까?
이 꿈이 잊히지 않기를, 내 기억 속에 오래오래 선명히 남아주길…'

16.

아카시아꽃 향기

주일학교 선생님께 『준주성범』 책을 선물로 받고 신비한 경험을 또 하게 되었다. 꿈이었지만 예수님과 성모님께서 자신의 모습을 나에게 보여주신 일은 너무나 큰 기쁜 일이었다. 예수님과 성모님은 나와 더욱 가까운 사이가 되었고 진정한 아름다움과 선하신 모습에 나도 흠뻑 빠져버렸다. 이젠 내가 더욱 예수님과 성모님을 사랑하도록 바뀌게 되어버렸음을 느꼈다.

선생님께서 선물해 주신 책들로 나는 많은 걸 확인받고 더 깊이 알게 되었고 그래서 아낌없이 베풀어 주신 그분께 나도 감사의 마음을 전하고 싶었다.

책 선물에 대한 감사의 인사와 내가 새롭게 깨닫게 된 것들, 꿈속에서 예수님과 성모님을 만난 것. 짧은 순간이었지만 너무 행복해서 생각나는 대로 핸드폰에 짧게 글로 적어보았다. 단순하게 선물에 대해 감사하단 말로는 다 담을 수 없어서 나의 체험을 짧게라도 담아 감사의 글로 전하고 싶었다. 그 글을 보내도 될지 조금은 망설여졌지만, 다음 날 늦은 오후에 글을 보냈다.

가볍게 쓴 글이었고 성의가 없어 보이긴 했지만, 전날 적어둔 그대로 선생님께 보냈다.

물론 내 글을 받은 선생님께서는 함께 기뻐하며 감사하다는 답장을 바로 보내주셨다.

처음 이런 글을 누군가에게 보낸다는 게 조금은 신경이 쓰였고 창피하기도 했기에, 퇴근 후 저녁에 잠시 방 안에서 기도를 했다. 오해 없이 내 마음이 잘 전달되길, 그분께도 보람과 기쁜 일이 되길…

그리고 기도 끝에 그분에게 내가 꿈에서 예수님과 성모님을 만났고 행복했던 순간에 대한 이야기를 전달한 게 잘한 건지 살짝 물어보았다. 이 경험을 주님과 나만의 비밀로 간직해야 하는 일인지, 혹시 괜한 자랑처럼 보이지 않을까 확신이 서지 않아서였다.

'아버지, 제가 느끼는 행복한 마음이 그분께 그대로 전달되고 함께 기뻐해 주길 청합니다.'

'주님, 그 선생님께서 제가 보낸 글을 받고 좋아할까요? 그리고 이런 글을 보낸 것이 잘한 일, 주님 마음에 드는 일인가요?'

그렇게 짧은 기도를 서둘러 마치고 황급히 방문을 열고 거실로 나왔다. 그 시간은 내가 기다리던 TV 프로그램이 곧 시작할 시간이었다. 그런데, 거실은 아카시아꽃 향기로 가득 채워져 있었다. 한 번도 경험하지 못한 놀랍도록 강한 향기였다. 어디선가 느껴지는 냄새가 아닌, 거실 가득히 향을 품고 있었다. 거실의 창은 앞뒤 모두 통풍이 잘되도록 활짝 열려 있었지만, 창밖에서는 향기가 전혀 나지 않았고, 아카시아는 이미 모두 져서 꽃이 피지 않은 계절이었다.

나는 방금 전, 기도에 대한 주님의 응답임을 알아보았고 의아해하면서도 행복했다. 그 향기는 TV를 보는 동안에도 한동안 계속 머물러 있다가 서서히 완전하게 사라졌다. 거실에 계시던 부모님은 그 진한 향기를 전혀 느끼지 못하셨다.

예수님께서는 내 모든 순간을 다 보고 계셨고 불과 1초도 안 되어 질문에 대한 답을 바로 주신 거였다. 사실 그 기도는 나와 주님의 유쾌하고 즐거운 대화에 가까운 기도였다. 주님께서 어떻게 생각하시는지 조금 궁금하긴 했지만 간절히 답을 받아야 하는 것도 아니었다. 주님과 나와의 일을 누군가에게 밝히는 일이 조금 부끄럽게 생각되었고 처음 있었던 일이기에 그 선생님이 오해 없이 읽어주길 바라며 드린 짧은 화살기도였다.

주님께서는 아름다운 향기로 나에게 잘했다고 분명하게 말씀하시는 것 같았고 함께 기뻐하심을 알 수 있었다. 깊은 사랑을 한없이 나에게 표현해 주시는 것 같았다.

내가 가장 좋아하는 아카시아꽃 향기로…

그렇게 답을 받고 나자 선생님께서도 분명히 좋아하실 거라고 생각했고 더는 신경이 쓰이지 않았다. 이보다 더 확실한 답을 받을 수 없었다. 그리고 무엇보다 예수님께서도 내가 감사의 편지를 보낸 것에 분명히 흐뭇해하시고 맘에 들어 하신다는 것을 알았다. 정말 중요하지 않은, 아무것도 아닌 기도에도 이렇게 빠르게 빛의 속도로 응답을 주셔서 놀랐고 너무나 다정하신 예수님, 한편으론 예측할 수 없는 예수님이라고 생각했다. 생각지 않은 깜짝 선물을 받은 것 같았다.

그때에는 주님께서 왜 그토록 기뻐하시며 곧바로 응답해 주셨는지 잘 이해하지 못했지만 지금은 주님의 깊은 뜻을 알고 있다.

주님의 사랑과 현존을 다른 사람들에게, 되도록 많은 사람에게 알리는 일은 예수님께서 가장 원하시고 기뻐하시는 일이기 때문이었다. 나는 주님께 받은 사랑을 누군가에게 굳이 말하지 않았었다. 나의 경험의 이야기가 오히려 이상한 사람으로 생각될 수도 있고 상대방에게 나의 자랑처럼 들릴 수 있었다. 그리고 대부분의 많은 사람은 도저히 이해하지 못할 일이라고 미리 생각했기 때문이었다. 주님과의 체험을 알리는 일이 조금은 부끄럽게 느껴졌었다.

내게 주신 선물, 아카시아꽃 향기는 주님께 받은 사랑과 현존하심을 서로 공유하며 알리기를 바라신 주님의 응원과 기쁜 허락이었다. 그리고 그 일은 주님께서 원하시는 일이었고 결코 작은 일이 아니었다. 부끄러운 생각을 가지고 있는 나에게 확실한 응답으로 주님의 뜻을 알게 하신 것이었다.

"나의 사랑과 현존을 온 세상에 알려야 한다."

"나를 부끄러워하지 말아야 한다."

(주님과 나의 대화 중에)

별일 아닌 사소한 일, 나의 작은 행동에도 무척 좋아해 주시며 아낌없이 응원해 주신 이유이다.

내가 가장 좋아하는 아카시아꽃 향기, 천상의 향기로…

그 선생님께도 내 마음이 잘 전달되었을 거라 믿었고 나는 마치 큰 칭찬을 받을만한 일을 한 것처럼 마냥 기분이 좋아졌다.

17.

선교사들의 사진

신부님께서 선교 일로 아프리카에 다녀오신 이후에 있었던 일이다. 신부님과 대만에서 오신 후배 신부님, 그리고 우리 주일학교 교사들이 함께한 오랜만의 회식 자리였고 저녁 식사 후 자연스럽게 술자리까지 이어졌을 때였다.

좋아하는 사람들과의 만남, 그리고 대만에서 방문하신 신부님의 이야기로 재밌고 즐거운 시간을 가졌다. 시끌벅적한 분위기, 한창 떠들고 이야기하며 나도 모르게 술을 좀 마신 것 같다.

회식이 끝날쯤 신부님께서 아프리카에서 찍은 핸드폰 속의 사진을 보여주셨고, 교사들은 그 사진을 차례차례 돌려 보게 되었다. 나도 신부님의 핸드폰 속 사진들을 보게 되었는데, 술을 마셔서인지 사진들이 똑똑히 보이지 않았다. 아프리카의 맑은 날씨, 색다른 자연풍경, 아프리카의 동물 사진들이 보였고 이어서 그곳에서 선교하시는 분들의 단체 사진에서 눈길이 멈췄다. 핸드폰 속의 사진을 한 장 한 장 넘기며 보다가 나도 모르게 선교사님들의 단체 사진에 꽂혔다고 표현해야 맞을 것 같다. 그 사진을 보는 순간 주변이 아득해지며 갑자기 모든 게 멈춘듯했다. 사진에서 눈을 뗄 수가 없었고, 주변의 대화 소리도 소음들도 멀게 느껴졌다. 그렇게 갑자기 먹먹해지면서 나도 모를 눈물이 났다. 눈물을 참으려 했지만 그럴수록 계속 멈춰지지 않았다. 더 문제는 그 사진을 보자마자 먹먹해졌고, 내가 왜 눈물이 나는지 나도 모른다는 거다.

오랜만에 즐거운 시간의 분위기를 망친 것 같아 민망해하며 회식을 마치게 되었다.

나는 성당 미사에서도 가끔 영성체를 모시거나 성가를 들을 때 별다른 이유 없이 눈물이 나곤 하는데, 남들에겐 큰일이 생겼거나 힘든 사연을 감추고 있는 사람으로 보이지 않을까 조금 걱정이 들기도 하고 창피할 때도 있다.

다음 날 내가 그 사진에서 눈을 뗄 수 없었던, 그리고 이유 없이 눈물이 났던 일이 생각났지만 창피함에 그 생각을 떨쳐버리고 싶었다. 함께한 분들이 갑작스러운 내 행동을 어떻게 생각하실지, 조금은 황당하게 보일 수 있는 상황이었고 실수라고 생각할 것 같았다. 물론 별일 아닌 일이었지만 신부님들과 성당 교사들과의 자리라서 좀 더 조심했어야 했다.

'점점 술에 약해지는구나… 이제 정말 술을 줄이자!'

그로부터 일주일 후, 한 선생님께서 그날 왜 눈물을 흘렸는지 물으셨다.

"아… 그때… 선교사님들의 단체 사진을 보자마자 나도 모르게 눈물이…."

나도 딱히 그 이유에 대해 깊이 생각하지 않았고, 생각을 닫아버린 일이었기에 선교사들의 사진을 보며 눈물이 났었다고 대충 둘러대며 이야기했다.

그 질문을 받고서, 그날의 내가 왜 눈물이 났는지 다시 생각이 들었다. 내가 본 사진은 색다른 풍경의 자연과 동물들과 행복해 보이는 선교사님들의 사진이었다. 중요한 건 그때 단체 사진을 자세히 보지도 못했다. 선교사님들의 사진을 보는 순간, 나도 모르는 감정이 밀려왔고, 눈물이 핑 돌며 앞을 가렸기 때문이다. 내 눈은 그 사진에 고정되어 있었지만 분명 사진이 아닌, 그 안의 다른 무언가를 느끼고 있었다.

욕심 없이 가난해 보이는 사람들.
주님과 세상을 위해 희생하며 자신을 바친 용기 있는 사람들.
하느님의 빛 속에 살고 있는 선택받은 사람들.
가장 값진 일을 하는 주님의 영광스러운 일꾼들이었다.

겉모습은 약하고 순수해 보였지만, 그 누구보다 행복하고 강한 힘이 느껴졌었다. 하느님의 특별한 사랑과 보살핌 안에 있는 사람들의 강한 힘, 그리고 분명 그 사람들은 빛나 보였다.

그 순간, 나 자신은 보잘것없이 작아 보였다. 주님을 따르며 힘들게 아프리카에서 선교 일을 하고 있는 그 순수한 분들과 비교될 수 없음을 알았다. 그 누구보다 하느님을 잘 알고 있었지만 계속해서 외면도, 배반도 했었던 나.

나에 대한 부끄러움. 그리고 하느님께 모든 걸 바칠 수 있는 용기에 대한 부러움이었다.

나는 주님께서 가장 원하시는 일, 그리고 나에게 바라시는 일이 선교임을 이미 오래전 알고 있었다. 그러나 부끄럽게도 선교에 대하여, 선교사들의 삶에 대하여 깊이 생각하거나 고민한 적은 없었다. 이미 나와는 관련이 없는 삶, 상관이 없는 사람들로 생각했고 그렇게 너무나 무관심했다. 어쩌면 그날, 주님께서는 나에게 선교에 대한 나의 무관심을 지적하셨고 부끄러움을 알게 하신 것 같다. 그리고 나에게 원하시는 사명이 있음을, 그 일이 바로 선교였음을 말씀하신 것 같다.

결국, 주님과 세상 사람들을 위해 자신의 모든 걸 바친 희생에 대한 존경과 나의 부끄러움이 뒤섞인 알 수 없는 복잡한 심정의 눈물이었다.

The last of My words

PART 2

마지막
나의 말

01.

성시간

23. 08. 03. (목)

나는 오래전부터 하느님께서 내게 알려주신 일들과 내 경험들을 다른 사람에게도 알게 해야 한다는 걸 느끼고 있었다. 꿈을 통해 처음 하신 말씀은 "두려워하지 마라, 너의 길이 있다."라고 하셨고, 두 번째 예수님의 재림 꿈 이후에 내게 원하시는 것, 또는 모든 사람에게 바라시는 것이 무엇인지 물었을 때 분명하고도 단호하게 '선교'라고 알게 하셨다.

예수님을 세상에 알리는 일, 그래서 모든 사람이 함께 구원받도록 하는 일이 주님께서 가장 원하시는 일이었다.

그렇지만 내게 중요한 일이라고 생각하지 못했고 내가 누군가에게 알려줄 자격도 없었기에 내 삶 속에서 깊이 고민하지 않은 채 지금까지 미루며 지내왔었다.

2023년 7월부터 주님께서 나에게 원하시는 사명이 있다는 것을 조금씩 알게 하셨다.

기도 이후 묵상을 할 때마다 예수님께서는 내가 주님의 일을 하도록 즉, 내 경험들과 예수님 사랑에 대해 알리는 글을 쓰도록 분명하게 말씀하시고 지시하신다는 것을 느꼈다. 그 말씀들은 매일같이 계속되었고 일관된 내용이었다. 내 경험을 글로 써서 다른 젊은이들에게 주님을 알려야 한다는 것이었다.

"많은 젊은이들과 하느님을 떠나 방황하는 영혼들이
너의 글을 읽게 될 것이다."

"내가 너를 선택하였고 너는 내가 사랑하는 딸이다."

자격이 없는 나에게 왜 이런 일을 하도록 하시는지 물었을 때는, 분명히 내가 해야 할 일이며, 나를 선택했다고 하셨다. 사랑하는 딸이라고도 말씀해 주셨다.

"네가 생각하는 것보다 훨씬 빠르게 일이 추진될 것이다.
네가 암에 걸렸을 때와 네가 이사했던 때를 생각해 보면
알 것이다."

하느님께서는 나에게 이루시려는 일이 오래 걸리지 않고 빠르게 진행될 것이라고 말씀하셨다.

"글을 쓰는 동안에는 모든 악을 차단하겠다."

나에게 기도 이후 글을 쓰도록 하시면서 그때엔 하느님께서 함께하실 것이며 다른 유혹들과 악으로부터 막아주시겠다고 분명히 말씀하셨다. 그리고 내게 다른 것들에 신경 쓰지 않도록 주의를 주셨다.

특히, 사람들의 반응이나 이후의 문제들에 관하여도 알려 하지 말고 모두 하느님께 의지하도록 하셨다.

"너의 일을 함께 도와줄 사람들이 준비되어 있다."

내겐 어려운 일이며 부족함이 많다고 여쭤볼 때, 기쁘게 일을 도와줄 사람들이 있다고 말씀해 주셨다. 글쓰기에 소질이 없고 감동적이거나 종교적인 글은 더더욱 못 쓴다고 말씀드릴 때는 단순하고 기교 없이 있는 그대로 글을 쓰도록 하셨다. 글을 읽는 많은 사람이 좋아하게 될 것이라고 격려의 말씀도 해주셨다.

이토록 주님께서 나를 계속 부르시며 주님의 뜻을 알게 하셨지만 직접 현실에서 주님의 목소리로 들린 말씀이 아닌 기도 중에 영적으로 하신 말씀들에 나는 믿음이 약했고, 많이 흔들렸다.

이전, 내 경험 속 주님의 말씀은 분명한 하느님의 아름다운 음성으로 들렸기 때문이다. 그렇기에 주님께서 내게 영적으로 하신 말씀인지 내 머릿속에서 스스로 지어낸 생각을 나 자신에게 말하고 있는 건지, 이런 의심들은 계속해서 생기고 또 생겨났다.

하느님을 전적으로 믿고 신뢰하지만 나 자신은 무척 나약하고 현실적이며 순종적이지 못한 사람이기도 하다. 주님께서 계속해서 한 가지의 일을 지시하고 계신다는 걸 알았고 그 말씀을 믿지 못하고 의심을 하는 내가 부끄럽고 죄송하기도 했다. 한편으로 악이 이 일들을 막기 위해 상당히 방해하고 있다고도 느꼈다.

'너처럼 평범한 사람이 누군가에게 말할 자격이 있으며
누가 너의 말을 믿어줄까?'
'좋은 책들이 이미 많이 나와 있는데 더 필요할까?'
'이 일이 쉽게 이뤄지리라고 생각해?'
'너는 성경책도 읽지 않았는데 누가 너의 글을 읽겠어?'
'이런 글을 쓰고 앞으로 부끄럽지 않게 살아갈 자신이 있어?'

이렇게 악은 끊임없이 이 일을 방해하며 나의 마음을 어지럽혔다. 결국 나는 하느님께 더 확실한 방법으로 말씀의 답을 얻고자 결심하였다.

'주님, 주님께서 제게 해주신 말씀을 모두 믿습니다. 그렇지만 저는 계속해서 의심하는 죄를 짓고 있습니다. 이제 이런 의심들을 그만하도록 해주십시오. 주님께서 하시는 일이라면 저는 시키시는 모든 것을 순종하고 따를 것입니다. 그러나 만일 저를 위한 일이거나, 내 영광을 위한 일이 된다면 이 일을 하지 않도록 하십시오.'

나도 더 이상 죄를 짓지 않기 위해 주님께 분명한 말씀의 답을 청하기로 했다. 무례한 요청인 줄 알고 있었지만, 나는 들어도 듣지 못하는 사람인 것 같았다.

'주님, 저에게 계속해서 해주시는 말씀을 오늘은 성당 안에서 분명하게 다시 듣기를 원합니다, 제가 확신하도록 해주십시오.'

목요일 저녁 7시 성시간, 주님의 답변을 확실하게 받기 위해 성당을 찾았다. 성당 안에서, 예수님의 성체와 성혈 앞에서, 계속해서 내게 지시하시는 말씀을 가장 신성한 곳에서 묵상 중에 영적으로 듣길 원했다. 마음속으로 좀 더 원했던 건 성당에서 하느님 말씀을 직접 음성으로 듣는 것이었다.

성시간이 시작되었고 곧바로 생각지도 못한 방법으로 주님의 뜻을 듣게 되었다. 내 질문에 대한 답을 신부님의 강론을 통해 듣게 될 줄은 정말 생각지도 못했다. 기필코 오늘은 확답을 받겠다고 성당에 갔던 건데 이런 방법으로 바로 답을 받을 줄은 몰랐다. 잠시 정신까지 멍해졌다.

나는 고백하자면 성시간이 묵상의 시간인 줄 알았고 신부님께서 강론을 하신다는 걸 전혀 알지 못했다.

그날, 성시간의 주제는 명확했다.

젊은이들에게 하느님의 말씀과 진리를 선포하고 구원에 이르도록 선교하라는 분명한 메시지였고 하느님께서 계속해서 내게 지시하시던 그 말씀과 완전히 일치했다. 성시간이 시작되자마자 곧바로 분명하고도 확실하게 답을 받아버린 것이다.

더 이상 주님께 어떠한 질문을 할 수도 없었다…

나의 생각과 계획을 모두 알고 계셨고 확실한 표징을 주기 위해 그 시간에 맞춰 나를 성당으로 인도해 주심이 너무나 분명해졌다. 신부님의 강론을 정확하게 모두 듣고 싶었지만 나는 정신을 차릴 수 없을 정도로 깜짝 놀랐고 그래서 이날, 신부님의 말씀을 집중해서 잘 들을 수 없었다.

강론 후 묵상 시간에도 주님께서는 내게 다정하게 많은 말씀을 해주셨다.

"내가 너와 함께 있다."
"너의 곁을 천사들이 보호하고 있다."

성시간을 마치며 신부님께서 제대 앞에 무릎을 꿇으셨을 때, 나도 마음속으로 같이 예수님 십자가 앞에 완전히 무릎을 꿇었다. 더 이상 의심할 수 없는 분명한 부르심이었다.

성당을 나올 땐 후련한 마음이었고 이제부터 함께 할 주님과의 일들이 희망적이며, 더 이상 고민 없이 모든 게 편안해졌다. 이보다 더 정확한 답을 확인받을 수는 없었다.

'주님, 제게 늘 말씀해 주셨고, 그 말씀은 단 한 번도 틀린 적이 없었습니다. 또다시 제가 감히 현실에서 표징을 요청함에도 기꺼이 다시 또 들어주시고 미리 준비하신 주님. 이제 더 귀 기울여

잘 듣겠습니다. 저를 성당으로 인도하셨고 기꺼이 다시 확인시
켜 주셨습니다.

 이제 저의 모든 것을 의탁하며 주님의 일을 따르겠습니다.'

02.

책 선물, 그 이유를 묻다

23. 08. 05. (토)

2021년, 내가 처음 성당 주일학교 교사를 시작할 때 같이 교사 일을 시작하신 선생님이 계시다. 나는 이 성당에 대해 전혀 몰랐고 봉사도 처음이었지만 그분은 이 성당에서 오랫동안 봉사를 하셨고 믿음도 강하고 온갖 힘든 일들을 자발적으로 많이 하시는 분이셨다. 그분은 개인 시간이 부족할 정도로 많은 봉사를 하셔서 처음엔 놀랐었다.

'아… 저렇게 열심히 봉사하는 분이 계시구나….'

봉사 일만이 아니라 기도 생활도 열심히 하셨고 교리 지식까지 많이 쌓으신 분이셨다. 성당에 관해 모르는 게 없으신 이 선생님과 교사 동기로 만나면서 많은 도움을 받았고 의지도 되었다. 교사가 되고 다음 해인 2022년부터 책을 선물로 주셨는데 주신 모든 책들이 너무 좋았다.

'나는 왜 이런 책을 이제야 만났을까?'라고 생각할 정도로 어릴 적부터 확인받고 싶었고, 알고 싶었던 내용들이었다. 그동안 내가 얼마나 예수님께 무관심했는지 새삼 알게 되었고 부끄럽게 느껴졌다. 주님에 대해 궁금한 점을 책이나 인터넷, 강론 등 전혀 접하지 않고 살았던 나 자신이 스스로도 이해가 안 될 정도였다.

선물로 주신 책들은 빨리 읽는 게 아까울 정도로 읽는 동안에 행복을 준 책이었고 나를 좀 더 성장시켰다. 책 속의 예수님께서 마치 나에게 직접 말씀하시는 것 같았고 내가 알고 있던 예수님을 더 깊이 알아가면서 행복했던 것 같다.

한번은 『준주성범』 책을 읽고는 꿈속에서 예수님과 성모님을 차례로 보았다. 그리고 얼마 전 『자비는 나의 사명』(성녀 파우스티나 수녀님에 관한 책)과 『김대건: 조선의 첫 사제』라는 책을 선물로 받았다. 아무런 이유 없이 또 책을 선물해 주셨다.

『자비는 나의 사명』. 이 책을 만나기 얼마 전부터, 나는 주님으로부터 내 경험과 하느님께 받은 사랑을 글로 쓰라는 말씀을 듣고 있었다. 나에게 원하시는 사명이 있음을 계속해서 알려주고 계셨다.

물론 그전에도 선교의 사명감이 있었고 가끔 생각날 때마다 내 경험 글을 쓰고 있었지만 큰 목적이나 부담을 갖지는 않았었다. 언젠가 내가 죽기 전에 내 경험을 누군가에게 알리겠다는 생각을 하곤 했었다. 그런데 주님께 사명을 받고 같은 메시지를 계속해서 받게 되면서 부담감이 점점 커졌고 머릿속이 복잡해지며 그 생각이 떠나지 않았다.

분명하게 계속되는 지시와 말씀으로 혼란스러워하던 중이었고 이 일에 무게를 느끼게 되면서 결국엔 하느님의 사랑이 너무 부담스럽다고 생각했다.

'왜 나에게 이런 일을 지시하시는 걸까?' '왜 부족한 사람을 선택하시는 걸까?' '이제 어떻게 해야 하지?' 여러 가지 의문이 들었다. 그렇지만 이 상황은 분명 급한 일, 그리고 중요한 일 같았다.

『자비는 나의 사명』이라는 책을 선물로 받아 집에 왔을 때 왠지 하느님께서 나에게 보내주신 것 같았고 이 책을 빨리 읽도록 재촉하시는 것 같았다. 그리고 이 책을 모두 읽었을 땐, 이 책을 선물받은 건 나에게 또 다른 기적이 일어나고 있는 것으로 느껴졌다. 기적이 아니라면 설명할 수 없을 정도로 그때 내가 궁금해하는 모든 답을 그 책에서 발견한 것이다.

책의 내용은 주님께 사명을 받은 파우스티나 수녀님의 이야기였다. 불가능해 보이는 일들을 하느님께서 어떻게 이루시는지, 믿어주지 않는 사람들에게 받는 고통과 인내, 모욕과 의심을 받으면서도 꿋꿋하게 주님과 이 세상의 구원 사업을 위해 모든 것을 희생하시고 이겨내신 분이셨다.

내가 너무 궁금했고 어쩔 줄 몰라 헤매고 있을 때 갑자기 찾아온 선물 같은 책. 내가 고민하던 상황들과 책의 내용이 너무 비슷한 느낌이라서 그저 웃음이 나올 정도였다. 그리고 뭔가 점점 현실에서 확실함으로 다가오고 있었다. 나중에 이 책을 선물하신 이유를 꼭 물어보고 싶었다.

책을 선물로 받고 삼 주 정도 지났을 무렵, 그 선생님과 점심약속을 했다.

며칠 전, 성시간에 하느님의 확실한 답을 받고 주님의 일을 따르기로 결심한 후에 만나게 된 거라서 이 책을 어떻게 내게 선물하셨는지 물었을 때 무슨 이야기를 듣게 될지 내심 궁금하기도 했다. 이런저런 성당에 관한 이야기를 나눈 후, 좋은 책을 선물로 주셔서 너무 감사하다고 인사를 전했다. 내게 필요한 시기에 책을 만나게 된 점과 듣고 싶은 답을 들었다고도 전했다. 그리고 과분할 정도로 왜 이렇게 많은 책을 선물로 주시는 건지 물었다. 다른 분들께도 이렇게 많이 책을 선물하시는지도…

내가 특별한 이유가 있어 묻는 걸 아셨는지 선생님도 진지하게 답을 해주셨다. 하느님께서 그 책을 나에게 주도록 계속 생각나게 하셨다고 했다. 이전에 내게 주신 책들도 그런 이유로 선물했고 이번에도 같은 이유라고 말씀하셨다. 이번 책은 자신이 생각지도 않았던 책이었다고 한다. 읽은 지 너무 오래 지나 기억도 나지 않았던 책이 갑자기 떠올랐고 그 책을 나에게 주도록 계속 지시하시는 것 같았다고 말씀해 주셨다. 다른 일들이 바쁘기도 했고 계속 미루던 일이었지만 그 책이 계속 생각나서 선물하신 거라고 이야기해 주셨다.

나는 하느님께서 보내셨을 거라고 거의 확신하고 있었지만, 막상 이런 말을 직접 들었을 때 정말 너무너무 기뻤다. 그 자리에서 크게 표현하지 못했지만 정말 날듯이 기뻤다.

그 선생님의 말씀을 들으며 "정말이에요? 정말이에요?" 나는 그 말만 되풀이했지만 이제 모든 게 확실해졌다.

하느님께서 나에게 지시하시는 일과 당신의 계획이 있으심을… 책을 읽으면서 나는 이미 기적임을 알았다. 분명 나에게 책을 통해 계속해서 가르치고 계셨다. 나에게 주시는 모든 메시지도 이유가 확실해졌다.

•••

23. 08. 05. (토) 아침기도 후

내가 다른 일보다 최우선으로 글을 써야 한다고 말씀하셨다.

**"네 곁에 천사들이 있음을 또 의심하지 마라.
두려움을 지켜주고 평화를 준다."**

며칠 전 성시간에 들은 '천사들'이라는 말씀이 떠올라 잠시 생각했었다. 내 곁을 지켜주시는 천사께서 계시며 한 분이 아닌 것에 놀라웠고 그 말씀에 의문이 들었다.

"누구든지 너의 글을 읽고 나의 사랑과 현존을 느낄 것이다."

03

너희의 삶은 혼자가 아니다

23. 08. 06. (일) 기도 후

"삶에서 나를 발견하도록, 너희의 삶은 혼자가 아니다."

"세상의 많은 영혼들이 위로받고 내 사랑과
이 세상의 현존을 찾게 될 것이다."

"나를 아는 모든 이들은 너의 글을 알아볼 것이고
그 안에 내가 있음을 부인하지 못한다."

04.

많은 불쌍한 영혼을 구원하자

23. 08. 07. (월) 아침기도 후

"나와 함께 많은 불쌍한 영혼을 구원하자."

"나는 너에게 내 모든 것을 가르쳤고
시련과 고통, 사랑과 진리도 모두 알게 하였다."

"나는 항상 너의 곁에 있었고 너는 나를 느끼고 볼 수 있었다.
그 모든 걸 세상의 젊은이들에게 알게 하여라."

"구원의 뜻을 깨닫고 함께하자는 약속이 나도 무척 흐뭇하다."

"너의 잘못들과 고통, 회개, 모두 써라.
나는 너에게 내 권한을 주니 나의 가르침도 써라."

05.

나와 함께 일하자

23. 08. 08. (화) 기도 후

어제 뉴스에서 2027년 가톨릭 세계청년 대회지가 '서울 확정'
이라는 자막을 보았고 그 생각이 다시 떠올랐다.

"그때엔 더 빠르게 고통스러워지며 힘들어진다.
너의 책이 그들(젊은이)에게 큰 위로와 희망이 될 것이다."

"그러니 나와 함께 일하자.
그동안 너는 더 깊이 성장될 것이며
가장 기쁜 순간이 되게 하겠다.
나의 사랑을 중심으로 써라."

고통의 시간이 더 빠르게 다가온다는 갑작스러운 말씀에 놀라
서 그 말씀이 무슨 말씀이신지 다시 주님께 여쭈었다.

"지금을 보면 모르겠느냐.
눈 깜짝할 사이에 너희도 모르게 다가와 있을 것이다.
세상의 불행이 더욱 커질 것이며
이는 내가 더 어찌할 수 없다."

"네가 본 그 종말이 빠르게 다가올 수 있다.
이미 나도 어쩔 수 없다."

(내가 본 종말이란 어릴 적 예수님 재림 꿈을 말씀하셨다)

06.

나의 모든 것을 알려주겠다

23. 08. 09. (수) 오전 6시(아침에 눈을 떴을 때)

"나의 말은 모두 참이다.
 세상은 점점 어두워지고 길을 잃게 된다.
 빠르게 다가온다.
 모든 이들이 이제 내 말을 믿지도 듣지도 않는구나."

점심시간, 화살기도 후

"나는 언제나 너와 함께 있다.
 글을 쓸 때 어떤 것이 막히거나 고민이 들 때
 나에게 먼저 물어보아라.
 나는 너의 곁에 있으며 나의 모든 것을 알려주겠다.
 너와 나는 그렇게 가까운 사이이다."

지금껏 썼던 경험의 글을 하느님께서도 함께하신 건지, 다시 처음부터 써야 할지 여쭤보았고 주님께서는 지금껏 쓰던 대로 하라고 하셨다. 이 글들이 주님의 뜻이며 지금까지 쓴 것도 주님의 허락이 있었음을 알게 하셨다.

　　"지금 너의 글들이 내가 원했던 것이다.
　　주제와 시작, 끝은 모두 내가 하고 있다."

07

고통 속에 있는
이들에게 귀 기울여라

23. 08. 10. (목) 오전 5시 30분(아침에 눈을 떴을 때)

"고통 속에 사는 이들을 버려두지 마라.
고통 속에 사는 이들의 수가 너무 많다.
이들을 버려두지 마라."

"나누어라, 네 것을 조금이라도 나누어라. 관심을 가져라.
너희는 이런 삶이 당연하다 여기지만
많은 이들이 죄를 짓고 있다.
너희는 모두 형제가 아니냐."

"그렇다. 작은 사랑과 관심도 중요하다."

〈주님의 시선과 마음을 느낄 수 있게 해주십시오. 저희는 너무
무디어 잘 느끼지도 못합니다.〉

"항상 그들이 너의 형제임을 잊지 마라.
나만을 위해 사는 사람들은
하늘나라가 허락되지 않을 것이다."

〈저 또한 저만을 위해 살며 죄가 많지만, 주님의 사랑을 받고
있습니다.〉

"너희는 얼마나 천국과 지옥이 가까운 줄 모른다.
최선을 다해 할 수 있는 것을 하여라."

〈지금처럼 살아간다면 천국에 가는 것은 어려운 것입니까?〉

"안타깝게도 그렇다.
열과 성의를 다하여 사랑하여라.
주변의 사람들을 보아라."

이미 이 세상에 눈이 가려 잘 모르고 살아가는 나에게 주님의
생각과 마음을 가르쳐 달라고 청하였다.

"나는 매일 이렇게 너와 대화하고 있다.
이것들을 잘 기록하여라."

　세상 고통에 관해 외면하고, 이기적으로 살며 또한 우리의 죄를 모르고 살아간다고 기도드렸다.

　　"네가 내 마음을 이해하고 알려 하니 기쁘다.
　　너의 사명을 분명히 깨닫고 배우거라."

　　"너는 내 마음에 잠겨 나의 사랑을 더욱 깊이 알게 될 것이다.
　　그래서 온 세상에 알리는 일이 너의 일이다."

　　"너는 나의 고통을, 세상의 고통을 잘 알지 못한다.
　　너는 나와 함께하며 나의 마음을 배워라."

　　"고통. 고통. 고통… 고통이 지옥보다 낫다.
　　그러나 그 고통을 너희가 외면하면 지옥에 갈 것이다."

　　"고통 속에 있는 네 형제들이 왜 너희는 아무렇지도 않느냐.
　　고통 속에 있는 이들에게 좀 더 귀 기울여라.
　　그리고 나와 함께 더 사랑하자."

〈지금까지 듣고 있는 말씀들을 모두 적어도 되는지요?〉

　　"나는 너만이 아닌, 이 세상에 알리는 말이다."

08.

아무것도 아닌 것과
나를 바꾸지 마라

23. 08. 11. (금) 오전 5시 20분(아침에 눈을 떴을 때)

"돈을 위해 살지 마라.
온 세상이 돈의 노예처럼 살게 된다.
욕심에 눈먼 돈, 모두 한순간 무너질 때
허무이고 악이었음을 깨닫고
이 세상을 두려움과 괴로움에 살게 된다."

"이보다 내가 주는 평화는
너희들이 중요하게 생각하는 돈보다
백 배, 천 배 귀하고 값진 것이다."

"너는 이것을 깨닫고 보았다."

(최근 나에게 있었던 경험 때문에 하신 말씀이셨다)

"아무것도 아닌 것과 나를 바꾸지 마라.
앞으로 세상에서 이렇게 어리석은 사람들이 많구나…."

"이 세상에서 기도로 평화의 삶을 추구한다면
 그들은 행복할 것이다.
 그 평화는 돈에 비할 수 없게 된다."

"깨달은 사람만이 누릴 것이다.
 내가 주지 않은 행복은 오래가지 못한다.
 내 사랑과 평화를 받는다면
 이미 이 세상 속에서 나를 찾은 것이다."

"기도하고 사랑을 베풀어라.
 천상에 보물을 쌓게 된다."

"나의 말을 모두 적어도 좋다.
 지금의 이 글도 기록하여라."

〈하느님의 말씀을 잘 쓰고 싶습니다.〉

"모두에게 전하는 말이니 쉽게 써라."

주님의 말씀을 듣고 함께 일하는 것 같다고 생각했다.

"내 딸아. 나는 내 모든 것을 내어주겠다."

위 말씀은 오늘 아침 눈을 떴을 때 하느님께서 하신 말씀이다.

너무나 당연한 말씀이셨고 우리 스스로 그 정도는 지키며 살아가고 있다고 생각한다. 그러나 얼마나 우리가 쉽게 돈의 유혹에 빠지고 무너지는지, 우리 삶에 어떻게 고통과 두려움을 줄 수 있는지 다시 알려주셨다.

나 또한 열심히 사는 것이라고 생각했지만 어느 순간 돈의 노예처럼 돈을 좇으며 살았고 다시 깨달았을 때는 허무와 후회만 남았었다. 돈과 이 세상의 행복을 위해 온 마음을 빼앗길 때 주님과의 관계가 멀어지며 평화와 참행복은 찾을 수 없었다.

우리는 예수님께서 주시는 평화보다 돈을 더 중요하게 믿고 살아가는 것 같다. 이 세상 사람들이 돈을 위해 얼마나 온 정신과 시간을 쏟고 있는지 분명히 알게 하셨다. 그리고 주님께서 허락하시는 돈과 자신의 욕심으로 악의 유혹에 빠진 돈을 구별하도록 하셨다.

우리 주변에서도 좀 더 큰 수익을 바라다가 평생 절약하며 모은 소중한 돈이 한순간 허무하게 사라지는 경우를 종종 볼 수 있다. 평생 노력한 돈을 한순간 사기로 잃어버리는 것은 그 사람과 가족에게도 너무나 큰 두려움과 괴로움이다. 돈보다 어쩌면 그 기억과 원망으로 자신을 평생 괴롭힐 수 있기 때문이다.

돈은 우리에게 행복과 여유를 줄 수도 있지만 쉽게 버는 돈이나 자신의 양심과 바꾼 돈, 사행을 바라는 돈으로 인해 많은 사람이 결국 고통에 빠지고 있다. 그리고 이런 돈의 유혹은 이미 우리 삶 속 많은 곳에 깊이 뿌리 내리고 있다. 돈에 집착하고 욕심낼 때, 위험에 빠지기 쉬우며 돈을 지키기 위해서 불안한 마음으로 살아가기도 한다.

이런 사람은 아무리 돈이 많더라도 하느님의 현존과 평화를 찾고 누리기가 쉽지 않을 것이다. 세상의 욕심을 위해 온 정신과 많은 시간을 빼앗기며 그 돈이 삶의 전부가 되어서는 결코 행복할 수 없다. 그리고 분명히 말씀하셨다.

"아무것도 아닌 것과 나를 바꾸지 마라."
"내가 주지 않은 행복은 오래가지 못한다."

09.

이 세상과 함께
나를 믿는 것이다

23. 08. 12. (토) 오전 5시 30분(아침에 눈을 떴을 때)

〈저희 죄인들을 용서해 주시고 주님의 자비를 청합니다.〉

"나에게 죄를 뉘우치고 자비를 청한다면 받게 될 것이다."

"글을 어서 완성하여라.
네가 하고 싶은 말은 모두 써라.
나는 너에게 기적뿐이 아닌 모든 것을 보여주겠다."

"나는 너를 선택하였고 너는 나를 위해 모두 버리겠다고 했다.
너는 이미 천국을 보게 될 것이다."

"이 세상 구원을 위해 버리겠다는 너의 헌신이
결실을 맺게 될 것이다.
이것은 무척 중요하다."

이 글을 읽는 사람들이 재밌고 쉽게 읽히도록 글을 잘 쓰게 해 달라고 청하였다.

"네가 하는 일이 아닌 내가 하는 일이다.
너의 글을 읽고 매일같이 현존함을 믿게 하겠다."

"너는 나를 믿고 이 세상을 버리는 거라고 생각했지만, 아니다.
이 세상과 함께 나를 믿는 것이다.
너는 이 세상과 나를 사랑하는 것이다.
네가 이 세상을 위해 모두 버리겠다는 것은
나를 위한 헌신이었다.
나와 함께 일하기 위해서이다.
그 마음을 나는 받았다."

어제저녁, TV를 시청하던 중 갑자기 주님의 도구로 함께 일을 하고 있는 것이 믿기지 않았다. 주님과 함께 일을 하며 하느님께 완전히 속하는 삶이 된 것임을 느꼈고 더없이 행복하고 기뻤지만, 왠지 내가 이 세상과는 좀 동떨어지는 느낌을 받았다.

너무 사랑하는 이 세상과 작별하듯 멀어지는 느낌을 받고, 슬픈 감정에 잠시 눈물이 났다. 그래도 모두 버리고 주님의 십자가를 따르겠다고 굳게 다짐하였고 꼭 그렇게 해달라고도 말씀드렸다. 그러나 내가 어제 느꼈던 그 생각이 잘못된 것임을 말씀하신 것이다.

〈네⋯ 이 세상을 버리는 것이 아닌 구원을 하는 것입니다.〉

하느님 말씀에 나는 다시 깨달았다. 주님을 믿고 십자가를 따르는 일이 이 세상을 버리는 것이 아닌 나의 집착과 욕심을 버리는 것이었다. 그리고 이 세상을 주님과 함께 더 깊이 사랑하는 것이었다.

"온전히 버리고 나의 일을 하는 사람아,
그들은 천국을 보게 될 것이다."

"너의 집착들을 버리고 이 세상을 사랑하라는 것이다.
이 세상을 다시 얻는 것이다."

"네가 나의 일꾼이 되는 것은 세상을 구원하기 위함이다."

〈저도 이 세상을 더 사랑할 수 있도록 청합니다.〉

"나는 네가 이 세상을 사랑하는 마음을 깊이 사랑한다."

오후에 장거리 운전을 하게 되어 운전에 대한 두려움을 생각하였다.

"나는 너와 어디든 항상 함께하겠다.
그것은 너를 보호하고 평화를 주기 위해서이다.
너는 언제나 나와 함께 있으며 평화를 누릴 것이다."

〈곧 성당에서 어린이 캠프가 있는데 준비를 너무 못했습니다. 안전하고 즐겁게 다녀오길 청합니다.〉

"네가 있는 곳에 내 평화를 주겠다."

....

오전 11시 20분, 묵주기도 후

"네가 고통받는 이 세상을 위하여
  나와 함께 구원 사업을 하는 것을 안다."

"너 한 명의 희생이 많은 이들을 구원할 수 있다.
  나는 이것을 바라는 것이다."

〈저로 인해 많은 사람들이 구원을 받을 수도 있습니까?〉

"그렇다. 그렇다.
  많은 이들이 어떻게 나를 찾고 만나는지 알려주려는 것이다."

〈제가 세상의 많은 사람을 구원하는 일을 하게 된다면 다른 것 모두는 필요 없습니다.〉

"그렇다. 너의 글을 읽고 울고 기쁨에 웃는 이들이 많을 것이다. 이 세상에 그보다 더 큰 상은 없다.
네가 받을 상은 크다.
너는 한 사람을 위해서가 아니라 많은 이들에게 너를 내어 주기 때문이다."

잠시 창밖을 보았다. 너무나 화창하고 평화로워 보였지만 점점 세상의 고통이 커지고 있음을 생각했다. 하늘에는 새들이 무리 지어 날아가고 있었다.

"두려워하지 마라.
이 세상이 아무리 고통이 심하더라도 나를 믿는 이들에게
저 밖의 새들처럼 걱정 없이 살게 하며 행복을 주겠다."

오후 5시 20분

하느님과 함께 일하고 있고 늘 언제든 대화하고 있음에 너무 즐겁고 감사한 마음이었다. 그러나 이 글을 마칠 때, 더 이상 만날 수 없는 건 아닌지 문득 걱정이 들었다.
그 순간 하느님께서 바로 말씀해 주셨다. 나와의 약속은 영원하며 마지막 날까지 함께하시겠다고 하셨다. 그리고 언제든 내

가 있는 곳에 기쁨과 평화를 주시겠다고 하셨다. 내가 찾을 땐 언제든 대화할 수 있으며, 내가 자주 하느님을 찾아 대화를 하는 것이 더 좋다고도 말씀해 주셨다.

내가 어쩌면 너무 자주 찾아 귀찮게 하는 딸이 될 수도 있다고 장난으로 말했지만, 아버지께서는 언제든 내가 주님과 대화하고 싶을 때는 나보다 더 많은 말씀을 해주시겠다고 하셨다.

10.

이 글을 쓰는 이유

23. 08. 13. (일) 오전(아침에 눈을 떴을 때)

"네가 하는 글 쓰는 일은 중요하다.
이 세상은 빠르게 변할 것이며 나를 없다고 할 것이다."

"온갖 악이 무성해지고 희망이 사라진다.
마음의 준비를 하며 깨어 있어라.
네가 글을 쓰는 이유이다."

"너희들은 내가 힘이 없다 여기지만 나는 힘을 감춘다.
너희는 나를 점점 찾기 어려울 것이다.
때가 가까웠기 때문이다."

"모든 이들의 구원을 위해 나는 다 알리겠다.
나의 사랑과 현존을 글에 모두 보이겠다."

"나에게 선택받지 않은 이들은 나를 찾기 어려울 것이다.

이 환난의 시대에 나를 보기 어렵다.
기도하며 계속 나를 찾아야 한다.”

〈이렇게 무서운 말씀을 하시는 이유가 무엇입니까?〉
갑자기 하신 두려운 말씀에 놀라 물었다.

“그때가 가까웠기 때문이다.
　모든 것을 알려 준비시키겠다.
　이렇게 무성한 것을 보고도 믿지 않는구나.”

“너는 이미 나의 고통을 보았다.
　그러한 고통 속에 버려둔 것이다. 악이 많기 때문이다.”

위 말씀에 “너는 이미 나의 고통을 보았다.”라고 하신 말씀의 의
미는 성령으로 나에게 고통받는 세상을 보여주셨고 주님의 괴로
움과 아픈 마음을 내가 함께 느끼도록 하신 체험을 말씀하셨다.

“나를 따르는 이들조차 죄를 모르고 산다.
　그러니 얼마나 악이 많으냐….”

“그러나 내 딸아, 겁먹지 마라.
　나를 모르는 이들은 두렵지만 내가 함께 있음을 믿을 때는
　두렵지 않을 것이다.”

"그리고 나는 너의 글을 통해 준비시키고 있다."

〈저의 이 글이 중요한 것입니까?〉
생각지도 않았던 무서운 말씀에 다시 묻게 되었다.

"나는 너의 글을 통해 경고하고 대비시킨다.
너 또한 나의 말을 믿지 않고 있다.
그러나 곧 참임을 알게 될 것이다."

〈갑자기 두려운 말씀을 하시니 혼란스럽습니다….〉

"두려운 것이 아닌 이미 정해진 일이다."

〈제가 살아 있을 때 겪는 일인지요…?〉
이 질문을 드리면 안 된다는 걸 알았지만 재림이 가까운 건지
여쭈었다.

"그때는 아무도 모른다. 나는 가까웠음을 알린다.
내가 보이지 않더라도 나를 믿어야 한다."

"네가 이해하기 어려운 걸 안다."

"사람들은 고통에 가려 나를 보지 못한다.
너는 나와 함께 고통을 느낄 것이다."

이 글을 보고 젊은이들의 희망을 꺾는 것이 아닌지 여쭈었다.

"준비시키는 것이다."

〈모두 주님을 찾기 어려우면 어디에서 찾습니까?〉

"기도로 나를 찾을 때, 마음에서 나를 본다.
그래서 이 일을 하는 것이다."

〈제가 어디까지 물어야 할지 모르겠습니다.〉

"모든 것을 물어봐도 된다."

〈교황님, 사제님들… 많은 믿는 사람들이 이 일을 (가까움) 알고
있습니까?〉

"아는 이들은 알고 있다.
내가 너를 선택했고 그들도 잘 모른다."

오전에 들은 말씀이 나에게도 너무 당황스러워 머릿속에서 계
속 떠나지 않았다. 궁금함을 확인받기 위해 또다시 여쭤보았다.

〈주님, 이 글을 쓰는 이유를 다시 정확히 묻습니다.〉

　"그렇다. 준비시키고 나의 자녀들에게 알리는 중요한 일이다.
　모두 말해주겠다."

〈이때 중요한 것이 무엇입니까?〉

　"선교. 나를 모르는 이들은 큰 고통에 빠진다."

〈이 글을 써야 합니까?〉

　"그렇다."

지금 쓰는 글들이 모두 주님의 말씀인지 다시 확인하고자 물었다.

　"그렇다. 분명히 말한다. 이 일은 내가 하고 있다."

〈저의 이 글을 교회나 사람들이 믿어주겠습니까?〉

　"너와 같이 이 글에 관해 일할 사람을 준비시키고 있다."

우리에게 환난을 준비시키시는 건지 다시 물었다.

"그렇다. 시작되었고 네가 알고 있던 때부터이다.
다시 말하지만 이 일은 중요한 것이다."

〈환난의 이유는 무엇입니까?〉

"고통 속에서 나를 믿는 이들과 믿지 않는 이들이
분명히 가려질 것이다.
많은 악을 이겨내고 참아야 한다."

....

오후(주일미사 후, 집에 돌아와서)

오늘 미사 중에 눈물이 계속 멈추지 않았다. 오전에 들은 주님의 말씀으로 내 마음은 혼란스러웠고 무거운 마음이었지만 크게 슬픈 건 아니었다. 성체를 받으러 나갈 땐 내 손과 온몸이 떨리고 있었고 그 후에도 계속 눈물을 참을 수가 없었다. 나 스스로 다시 생각해도 딱히 이유를 모를 눈물이었고 성당에서 너무 창피했다.
그 생각을 하고 있을 때 주님께서 바로 알려주셨다.

"너의 눈물은 자비의 눈물이었다.
세상이 불쌍하여 흘린 자비의 눈물이다."

11.

마음의 준비, 깨어 있어라

23. 08. 14. (월) 캠프 출발일 아침

"내 딸아, 이 일은 모두 정해진 일이니 걱정하지 마라.
나는 모든 것을 알고 있는 하느님이 아니냐.
좀 더 굳세어져라."

주님의 말씀을 듣고 세상에 전하는 일, 주님께서 시키시는 대로 일꾼이 되겠다고 시작한 일이었지만 나에게 이런 말씀을 내리실 줄은 전혀 짐작하지 못했었다. 하루하루 듣는 말씀이 나에게는 놀랍고 두려운 말씀이었고 내가 이 힘든 일을 감당해 낼 수 있을지 한편으로 걱정이 들었다.

"너는 나의 모든 말을 기록하여라.
고통 속에 있는 이들, 악에 빠진 이들보다
믿는 이들의 수가 너무 적다.
이것이 그때가 가까웠다는 것이다."

"고통 속에 빠진 이들은 나를 보지 못한다.
 악에 빠진 이들은 나를 찾지 않는다."

"이 세상은 아름다움을 잃고 슬픔으로 변할 것이다.
 그래서 나를 찾지 못한다."

"그러나 나는 너희에게 모든 것을 주고 싶다.
 평화, 사랑, 기쁨 이것은 내 안에 있다.
 너희가 가질 수 있는 것이 아니다."

요즘 왜 많은 젊은 사람들이 폭력적으로 변하는지 여쭈었다.

"무관심."

"그들에게 작은 관심과 사랑이 필요하다."

세상의 재앙이 계속되고 있고 자연이 파괴되는 것은 누구에게서 오는 것이며 왜인지 물어보았다.

"내 딸아, 분명히 말한다. 나이다.
 내가 버려두기 때문이며 다시 태어나게 하기 위함이다."

이 말씀이 너무 당황스러웠다. 중요한 말씀이기 때문에 확인받기 위해 몇 번을 다시 물었다.

"내가 한 말은 참이다.
자연 재앙과 전쟁과 고통이 내가 막지 않기 때문이다.
그러나 이 모든 것이 나에게도 고통이다.
너희가 힘든 것이 나에게도 고통이다."

이 말씀을 하실 때 무겁게 말씀하셔서 나에게도 주님의 아픔과 고통이 함께 느껴졌다. 아버지의 고통을 위로하고 함께하겠다고 말씀드렸다.

"너는 이미 나의 기쁨이다."

"이 세상의 고통이 많이 무서울 것이다.
마음의 준비를 하고 깨어 있어라.
나의 자녀들에게는 평화를 줄 것이다.
그리고 나와 함께 고통을 보게 될 것이다."

"나는 너를 무척 사랑한다.
너에게는 내 평화를 주며 보호하겠다."

고통의 세상에서 단 한 사람을 위해서라도 이 일을 하겠다고 결심하였다.

"이 일은 전 세계에 알리는 나의 일이다."

오늘 떠나는 어린이 신앙캠프에 아무것도 준비하지 못하고 그
냥 가게 되었음을 말씀드렸다.

"그러나 내가 있지 않느냐."

성당으로 출발 전

〈이번 신앙캠프에서 아이들 모두가 즐겁고 행복한 시간이 되
길, 그리고 더 성장되길 기도드립니다.〉

"네가 기쁨과 사랑을 줄 수 있다."

아침에 무겁고 우울한 말씀으로 기분이 많이 가라앉아 걱정도
들었지만, 성당으로 출발 전인 지금은 다시 기분이 회복되고 점
점 나아짐을 느꼈다.

"나도 그런 너를 사랑한다.
걱정하지 마라.
너의 곁에 평화를 줄 것이며 너보다 평화로운 사람은 없다."

12.

내 모든 걸 내어준다

23. 08. 15. (화) 성모승천대축일

새벽 2시경, 어린이 여름캠프 숙소에서…

어제저녁 겁이 많은 여자아이와 한 침대에서 잠이 들었다가 결국 잠자리가 불편해서 새벽에 깼다. 2층 침대 위 칸으로 자리를 옮겼고 잠시 주님께 기도드렸다.

하느님과의 약속과 사명을 더 담대하게 지키겠다고 말씀드렸다. 오늘 캠프에 모인 이 많은 어린이들을 위해서 아버지의 일을 더 열심히 하겠다고 다짐했다.

주님께서 바로 대답해 주셨다.

"내 딸아, 너는 나를 위해 모든 걸 바쳤으니
나도 너에게 모든 걸 내어준다.
너의 기도는 모두 들어주겠다."

"너의 희생과 사랑에 나는 더없이 많은 사랑을 주겠다."

〈이 캠프에 모인 어린이들에게 주님의 사랑과 자비를 청합니다.〉

"너를 보아 너의 기도를 들어주겠다."

하느님의 사랑은 정말 한없고 무한하시다. 모든 걸 내어주시고, 나의 기도를 모두 들어주신다는 말씀에는 솔직히 나도 놀라웠다. 나의 다짐만을 들으시고 곧바로 더 많은 사랑을 주신다고 약속해 주셨고 표현에 아낌이 없으셨다. 주님의 무한한 사랑을 맘껏 표현해 주신다. 어린 자식에게 말씀하시듯 사랑을 주시며 내가 준 사랑보다 더 몇 배로 갚아주신다고 대답해 주셨다.

13.

아이들의 순수한 사랑을
배워야 한다

23. 08. 16. (수) 새벽 5시 30분경

나는 어제, 내 개인적인 일 때문에 일정보다 하루 먼저 캠프에서 돌아왔다. 캠프를 잘 마쳤고 행복했고 많은 사랑을 아이들에게 받았음에 감사기도 드렸다.

"나도 네가 잘 다녀와서 무척 기쁘다.
너는 봉사를 했다고 생각하지만 아이들의 순수한 사랑을
많이 받았다."

"그 아이들은 네게 모든 것을 표현해 주었고
그것은 진심이었다."

"아이들처럼 순수하게 사랑하여라,
이 아이들의 순수한 사랑을 배워야 한다."

"네가 나와 이 세상 사이에서 힘들어하는 것을 안다.

그러나 나는 이 세상의 주인 아니냐.”

“너의 마음이 흔들리지 않게 주의하여라.
너의 이 모든 특별한 경험을 써라.
다른 것은 신경 쓰지 말아라.”

〈네. 저도 아이들의 순수함을 배웠습니다.
오늘, 캠프 마지막 날까지 함께해 주시고 좋은 추억 만들고
아이들이 돌아오게 해주소서.〉

“너는 나에게 소중한 딸이다.”

14.

이 일은 중요한 일이다

23. 08. 17. (목) 오전 11시경

주님께서 나에게 다른 일에 신경 쓰지 말고 이 일에 더 충실하도록 지시하셨다.

나는 이 일이 실현 가능성이 있을지 미리 걱정 중이었고 자꾸만 심란한 마음이 들기도 했다. 그런 나에게 지금 하는 일은 매우 중요한 일이며 주님께서 이미 계획이 있으심을 알게 하셨다. 그 계획이 무엇인지 구체적으로 말씀하시지 않으셨지만 나는 이 일에서 주님의 도구로 쓰이는 것이었다.

모두 주님의 뜻과 계획으로 이루어지는 일임을 알게 하셨다.

〈네… 이제 저만 충실히 글을 쓰면 되겠습니다.〉

"나는 너에게 내 사랑을 보이겠다.
다른 것에 흔들리지 마라. 이 일은 중요한 일이다."

"항상 나와 대화하자.
나의 마음을 모두 보이고 싶다."

"너와 나는 하나이며 일치하고 있다.
나를 잊지 마라.
네가 나를 떠나는 그 하루도 나는 기다리고 있다."

15.

환난의 방패,
믿는 이들의 무기는 나이다

23. 08. 18. (금) 오전

지금이 환난의 시작이며 앞으로 더욱 무서운 세상이 온다고 말씀하셨다.

〈이때 저희가 지켜야 할 것은 무엇입니까?〉

"기도, 늘 깨어 있어라."

"나를 잘 믿지 않는 사람들은 나를 버리고 배반할 것이다.
그들이 더욱 돈과 욕심을 좇기 때문이다."

"환난의 첫 번째는 기후이다.
난민, 질병, 가난, 고통, 싸움, 무관심, 적대감,
전쟁으로 파괴….."

(사람에게 기본적인 의식주가 사라짐을 알게 하셨다)

"모든 이들이 죽는 것이 낫다고 할 것이다.
 모든 이들이 참기 힘든 고통이다.
 나의 평화를 받지 않은 이들의 고통은 이루 말할 수 없다.
 그러나 그 수는 점점 많아진다."

"그리고 믿는 이들의 무기는 나이다.
 그들에게 창과 방패가 되어줄 것이다."

"내 딸아, 다가올 일이다."

〈이런 글을 써야 할지요….〉

"이 글도 써야 한다."

"참평화를 받아야 한다.
 세상의 평화는 사라지겠지만 나의 평화를 받아야 한다.
 이런 세상에서 너희의 것을 나누고 자비를 나눌 때,
 너희는 나의 보호를 받을 것이다."

"내가 보이지 않더라도 믿을 때,
 너희는 위로와 사랑을 받을 것이다."

〈주님, 이런 글을 제가 어떻게 써야 할지 모르겠습니다.〉

"이대로 받아 적어라."

"이 세상은 불완전 속으로 빠진다.
 평화는 끝이 날 것이다.
 이때에는 오직 나에게 구원을 받아야 한다.
 나를 믿고 한 명이라도 나를 알아야 한다."

"나는 너의 글을 통해 모두 말하겠다.
 너에게 주어진 사명은 크다. 너는 나에게 특별한 이다.
 나의 계획은 틀림없다.
 꼭 이루어진다."

　오늘 주님의 말씀은 듣는 것도 힘들었고 솔직히 피하고 싶은 심정이었다. 하느님의 말씀을 듣고 글로 적는 것은 결코 쉬운 일이 아니다. 나에겐 너무나 큰 영광의 일이긴 하지만 한편 무척 두렵고 떨리는 일이다. 더욱이 이런 무서운 세상이 온다는 말씀을 글로 쓰는 것에는 큰 부담과 두려움까지 느껴졌다.
　단 하나라도 나의 생각이 들어가지 않도록 하느님께 다시 심사와 검수를 요청드렸다.

"이 글은 나의 말이다.
 나의 허락이 있어야 가능한 일이다."

16.

나의 사명

주님께서 나에게 내 개인적인 경험을 쓰게 하신 이유를 다시
물었다.

"많은 이들이 나를 보지 못하기 때문이다."

〈저에게는 이토록 가까이 계시는데 다른 사람들이 왜 주님을
알아보지 못하는 것입니까?〉

"나를 만나고 나와 대화하는 이는 이 세상에 많지 않다.
내가 선택한 이며 그들에게 목적과 사명이 있다.
그들 중에서도 나를 위해 모든 걸 버리고 투신하는 이는 적다.
너는 나에게 귀중한 딸이다."

"너에게도 다른 무엇과도 바꿀 수 없는 큰 영광의 일이다.

이 세상에서 많은 이들을 구원할 수 있는 일이
받을 상은 크다."

"너는 나의 보호 아래 컸으며 항상 너의 곁에 있었다.
너는 나를 많이 떠났고 잊었지만 나는 항상 곁에 있었다."

〈네… 저는 철없는 딸이었고 그동안 주님의 마음을 많이 아프
게 했습니다. 그리고 항상 주님께서는 저의 모든 잘못들을 용
서해 주셨습니다.〉

"나는 그 누구에게도 잘못을 인정하고 나에게 오면
다 용서할 것이다.
나는 인색하지 않다."

〈마음이 굳게 닫힌 사람들에게 주님을 어떻게 알릴 수 있습니까?〉

"너희가 할 수 있는 최선을 다해라."

"내가 너의 아버지이다.
그러니 용기와 자신감을 가져라.
나는 너와 함께할 것이며 나의 모든 것을 알게 하겠다고 했다."

"처음부터 너를 선택했고 사랑으로 길렀다.
나의 말을 듣는 이는 아주 적다.

나를 모두 보여주겠다고 약속한 이도 아주 적다.
네가 필요하여 선택했다고 하더라도
나는 너를 깊이 사랑하고 있다."

〈저는 미리 정해진 사람이었습니까?〉

"그렇다."

〈제가 주님의 일을 할 능력이 있습니까?〉

"그렇다. 네가 아닌 내가 길렀다."

나는 처음으로 나에 대해서 놀라운 말씀을 들었다. 상상하지 못했던 말씀이었고 그 말씀에 진심으로 놀랐다. 내가 주님의 목적에 의해서 처음부터 선택을 받았고 주님께서 필요하시어 기르셨다고 하신 말씀 때문이다.
허걱… 저의 출생의 비밀이 있다고요?
이 말씀이 처음엔 믿어지지 않았고 솔직히 말해서 말도 안 되고, 황당하고 웃기기까지 했지만, 그러나 조금 지난 후엔 그 모든 말씀을 믿을 수밖에 없었다.
하느님께서는 우리 모두의 아버지이시며 직접 낳고, 기르시고, 다스리시기 때문이다.

살아오면서 늘 느끼던 의문점이 드디어 풀리는 것 같았다.

내가 다른 사람들과는 조금 남달라서이다. 아무것도 아닌 나에게 왜 이런 경험들과 꿈을 통해 주님을 알게 하시는지 이유가 궁금했었다. 어릴 적 예수님의 재림 꿈을 꾼 이후 성령으로 하느님과 세상의 진리를 알게 되었다. 꿈으로 많은 일들을 알기도 했고 현실에서도 하느님의 목소리를 들을 수 있었다. 몇 가지 기적도 체험하였다. 이 모든 것이 주님의 도구로 사용하기 위하여 주님을 알아보고 느끼도록 기르신 것이었다.

하느님께서는 나에게 너무 두려운 존재였지만, 또 한편으로는 항상 곁에서 보호해 주시는 분이셨고, 직접 나를 가르치시고 인도하고 계심을 알고 있었다.

나는 솔직히 성당 신자분들 중에서 나와 같은 사람들이 많을 거라고 생각했고 그런 체험과 기적들은 숨기며 사는 것이 겸손한 행동이라고도 생각했다. 그렇지만 살면서 나와 같은 사람들을 쉽게 찾거나 만나지 못했었고 그래서 점점 더 의문이 들기도 했다.

다른 사람들보다 좀 더 특별한 사랑을 받고 있는 건 알았지만 이 모든 게 그냥 주시는 조건 없는 사랑인 줄 알았다. 그래서 필요하여 선택했다는 말씀에 너무 놀랐고 한편, 서운한 마음까지 들었다.

주님께서 나에게 선교를 원하심을 느꼈지만, 나 스스로 그 길은 이미 포기했기에 자격이 없었고 끝난 일인 줄 알았다.

이 일을 위해, 목적에 의해 길러졌다는 사실을 지금에서야 알게 되었고 정말 얼마나 놀랐는지 모른다. 이런 내가 너무 부끄럽고 죄송하지만 주님의 도구로 쓰이기 위해 선택된 사람이었다니…

말씀을 들은 후, 잠시 서운했지만 이 어려운 일이 좀 더 쉽게 받아들여지기도 했고 맘도 편해짐을 느꼈다.

이 일은 오래전부터 하느님께서 준비하셨고 미리 세운 계획이었다.

17.

종말로 가는 길,
너희를 대비시키기 위함이다

23. 08. 20. (일) 오후

"이 세상이 전부가 아님을 알리기 위하여 내가 여기에 왔다.
이 곧 없어질 세상에서 너희는 준비하여라."

"첫 번째 회개이다.
두 번째 나를 따르는 것이다."

"너희는 이 세상이 무너지는 것을 볼 것이다.
그때가 가까웠다."

"나 또한 쉽지 않고 고통의 일이지만 코앞에 다가와 있다.
나도 너희의 고통을 원하지 않지만 겪게 될 일이다."

"서로 사랑하고 나에게 의지하여라.
그 길만이 너희가 구원받을 수 있다."

갑작스러운 말씀에 놀라 다시 물었다.

〈주님 이 말씀이 모두 사실입니까?〉

"모두 참이다."

"내 딸아, 이제 마음을 비우고 준비하여라.
너에게는 분명한 선고 사명이 있다.
너 또한 처참함을 느낄 것이다.
세상의 종말로 가는 길이다."

"너는 받아들일 수 없겠지만 이 모두 사실이다.
나는 너를 준비시킨 이다."

"이제 나를 자주 찾고 보아라.
그렇지 않으면 너희는 길을 잃을 것이다.
나와 함께일 때 너희는 안전하다.
나의 자녀들을 보호할 것이다."

"나 또한 이런 말 하기 싫지만
그러나 일어날 일이다."

이 모든 하느님의 말씀이 두렵고 고통스러워 회피하고 싶었고
다른 질문을 생각하며 화제를 돌리려 했다. 잠시 창밖으로 보이
는 세상이 너무 아름답고 평화로워 보인다고 생각했다.
주님께서는 아랑곳하지 않으시고 말씀을 이어가셨다.

"그때는 갑자기 올 것이다."

〈이 시대에는 어떻게 살아야 합니까?〉

"너희는 모든 것을 내려놓고 나와 함께 사는 것이다."

"너는 곧 다가올 것이라는 나의 경고를 믿지 않고 있다.
 나의 말은 틀린 적이 없다."

"기도하고 회개, 너희 삶을 지탱할 힘이다.
 악의 유혹에서 참아낼 때 너희가 승리자가 될 것이다."

"너의 글을 통하여 말하는 모든 것이 정해진 일이며
 너희를 대비시키기 위함이다.
 이 시기에 나와 악은 분명히 구분될 것이다.
 나는 너를 통해 거짓을 말하지 않는다."

"네가 이때를 준비할 이다."

살짝 낮잠이 들려다가 아빠의 전화에 다시 깼다.
오랜만에 통화한 아빠의 목소리가 즐겁게 들렸다. 오늘은 인도네시아의 신부님과 함께 식사를 하셨고 좋은 시간을 보냈다고

하셨다. 통화를 마친 후 나도 기분이 좋아짐을 느꼈다.

그 순간 주님께서 내게 다시 말씀해 주셨다.

"나는 너의 가족 모두에게, 줄 수 있는 은총을 모두 주겠다."

〈주님께서 세상의 종말이 가까웠음을 준비시키시는 것이지요?〉

"그렇다."

〈이 세상에서 주님을 믿는 이들에게는 평화를 주시는지요?〉

"그렇다. 기도하며 계속해서 나를 찾아라."

"나의 말을 숨김없이 기록하여라.
너만이 아닌 세상에 하는 말이며 중요한 경고이다."

세상 사람들, 신부님, 주교님, 교황님께서 이 모든 말씀을 믿어 주실지… 주님의 말씀을 들으면서도 한편 엄청난 말씀이셨기에 두려웠다. 전혀 생각지 못한 심각한 말씀들에 나는 더 걱정되었고 무거운 마음뿐이었다. 우리에게 가르치시는 모든 말씀이 무엇과도 비교할 수 없는 보물임을 알아보지 못했다.

"네가 걱정할 바가 아니며 내가 하는 일이다.
　네가 힘들어하는 것을 안다. 그러나 내 말은 틀림없다.
　나는 온 세상의 주인이다."

"나를 믿는 모든 이들은 두려워하지 마라.
　나에게 의탁하고 굳셈을 받아라."

〈앞으로는 이 모든 일을 준비하며 살아가야 하는 것이지요?〉

"그렇다. 그때가 많이 가까웠기 때문이다.
　나의 경고가 무시할 수 없는 것임을
　곧 알게 될 것이다."

"나는 너를 이 증언자로 길렀고,
　너는 나약하지만 나와 함께이다.
　너와 내가 하나이므로
　그 누구에게서도 수치를 받지 않을 것이다.
　내가 보호하기 때문이다."

"너는 모든 것을 그대로 써야 한다.
　모두 참이며 너와 나는 함께이다."

18.

환난의 준비,
늘 깨어 기도하여라

23. 08. 21. (월) 오전 6시경, 묵주기도 후

주님의 사랑에 더 이상 바랄 것이 없으며 주님께서 하시는 이 일이 잘 완수되길 청하였다.

나를 주님의 목적을 위해 기르셨다는 말씀에 서운하게 생각했던 점에 대하여 죄송하다고 말씀드렸다. 주님께서 기르시고 보호하시니 더 굳세지고 용기 내기로 다짐하였다.

"세상이 전쟁 등으로 많은 파괴가 있을 때를
네가 받아들이기 힘들고 두려워하는 것을 안다."

"나도 가장 힘든 일이다.
오늘처럼 세상을 위해 기도하여라.
나와 함께 평화를 빌어라."

"너의 마음이 더 단단해져야 한다.

나는 분명히 말한다. 너에게 환난을 준비시키는 것이다."

"다가올 고통을 마주할 준비를 하여라.
 나를 믿는 이들에게는 내가 있지 않느냐.
 너희는 그때가 언제 올지 모른다고 하겠지만 가까웠다."

"나를 찾아 두려움에 대비하여라."

"나는 너희들의 안식처이다.
 늘 깨어 기도하여라.
 나는 그들에게 위로와 평화를 줄 수 있다."

"내가 너희 모두를 보고 있음을 잊지 마라.
 나의 사랑을 잊지 마라.
 나는 너희에게 모든 것을 내어준다.
 나의 자녀들아, 더 굳세게 나를 믿어라.
 많이 흔들릴 것이다.
 많은 원망과 울부짖음이 있을 것이다.
 그럼에도 나를 떠나지 마라."

"나는 너희에게 파괴가 아닌 사랑을 주러 왔다.
 너희는 나의 사랑을 받아라."

"내 딸아, 네가 두려울 것은 없다.
 기도하며 관심과 사랑을 전해라."

하고 싶지 않은 생각을 결국 물었다. 전쟁의 폐허를 생각했다.

"마지막 때는 모두 그렇게 될 것이다."

"내가 대비를 시킨다는 것은 그때가 가까웠음을 말한다.
내 사랑과 현존을 알리는 대비의 책이다."

"너처럼 나를 찾는 모든 이를 사랑한다.
너는 나의 특혜를 받으며 나와 함께 있음을 느낄 것이다."

〈환난의 어려움 속에서 어떻게 살아야 합니까?〉

"너희는 그때가(마지막 날) 빨리 오길 기도할 것이다.
회개하고 기도하여라."

"내 말을 의심하지 말고 잘 기록하여라."

19.

이 세상이 전부가 아님이다

23. 08. 22. (화) 오전 6시경, 자비의 기도 후

"너는 나에게 큰 은총을 받고 있다.
너는 나를 보게 될 것이며 그뿐 아니라 나의 모든 것을
알게 하겠다."

"마음의 준비를 하고 기다려라.
너에게 직접 천국과 지옥을 보게 할 것이다.
내 딸아, 이 일에 두려워하지 말고 담대해져라."

〈좀 전까지 쓴 글을 모두 날렸는데 다시 써도 되겠습니까?〉

"그렇다."

〈저도 천국과 지옥을 보길 청합니다. 그런데 제가 봐야 할 이
유가 무엇입니까?〉

"이 세상이 전부가 아님이다.
 영원에 비하면 너희의 삶은 짧은 한순간이 아니냐."

〈그렇다면 지옥은 왜 봐야 합니까?〉

"악은 영원히 그 속에서 빠져나오지 못한다.
 지금 너희를 회개시키기 위해서이다."

〈지옥의 고통을 제가 체험합니까?〉

"그렇다. 걱정하지 마라. 내가 너와 함께 있을 것이다.
 두려운 고통을 보게 될 것이다."

처음엔 주님 말씀에 놀라 별생각 없이 괜찮을 거라고 생각했지만, 막상 지옥을 본다면 너무 두려울 것 같았다. 되도록 피하고 싶은 일이었고 벌써 걱정이 들었다.

〈지금 이 말씀을 쓰지 말아야 합니까?〉

"써도 좋다."

〈천국과 지옥을 볼 수 있는 이가 많이 있습니까?〉

"아니다. 두려워하지 마라.
　나와 만나 행복한 순간이 될 것이다."

〈저도 주님을 빨리 만나 뵙고 싶습니다.〉

"나는 너에게 줄 수 있는 모든 것을 주겠다."

〈주님을 뵙는다면 저는 아무것도 필요 없습니다.〉

"마음의 준비를 하며 기다리거라.
　나의 마음도 기쁘다."

〈저를 뽑으신 이유가 무엇입니까?〉
(더 높고 훌륭하신 분들이 계시는데 왜 나에게 이런 큰일을 맡기시는지
이유를 다시 물었다)

"나는 너를 사랑할 뿐만 아니라 이 일을 완수할 이다."

　주님을 어떻게 만나는지, 그곳을 어떻게 보게 되는 것인지 전
혀 알 수 없었고 궁금했지만, 이에 대하여 더 정확한 말씀을 듣지
못했다. 앞으로 있을 일이니 준비하도록 하셨다.
　주님과 함께 겪는 일이라는 것과 내 마음이 더 단단해져야 하
고 너무 두려워하지 말라고 하시는 것 같았다.

〈저는 언제든지 좋으며 천국이 제 고향이면 좋겠습니다.〉

"너의 자리가 있다."

....

〈주님… 이 글을 쓰기 전에 다시 한번 또 묻습니다. 주님을 믿지 못하는 것은 아닙니다.〉

"나는 너에게 이 세상이 아닌 다른 세상을 구경시키겠다,
    이 세상의 행복이 아닌 다른 세상의 행복을 마음껏 보이겠다.
    그리고 지옥도 너는 느낄 것이다.
    걱정하지 마라. 그들의 고통을 보게 할 것이다."

"나는 너를 만날 것이며 너의 손을 직접 잡아줄 것이다."

〈아버지께서 제게 준비하라고 하신 것은 무엇입니까?〉

"두려워하지 말고 군세어져라.
    너는 다른 세상을 보게 될 것인데 이 일은 귀중한 일이다.
    네가 맛본 행복과 네가 느끼는 고통을 알기 위함이다.

내 딸아, 나는 너에게 모든 것을 보일 것이다.
이 세상에서 너만큼 나를 아는 이는 없을 것이다."

"너는 나와 언제든지 함께 있음을 잊지 마라."

⋯⋯⋯⋯⋯⋯⋯⋯⋯⋯⋯⋯⋯⋯⋯⋯⋯⋯⋯⋯⋯⋯⋯⋯⋯⋯⋯⋯⋯⋯

오늘 아침 엄마가 기도를 하시다가 갑자기 흐느끼시며 울고 계셨다. 깜짝 놀라 나가보니 주님께서 지금까지 늘 함께하고 계셨다는 것을 지금에서야 완전히 깨달았다고 하셨다.

그동안 주님께서 우리 가정에 은총과 평화를 주시는 것 같다고 어렴풋이 생각했지만, 지금은 엄마의 어린 시절 힘들었을 때부터, 지금껏 살아온 모든 삶 속에 늘 함께 계셨음을 다시 알게 되었고 이제야 깨우치시며 눈물을 흘리신 것이었다.

늘 주님이 곁에서 지켜주셨고 내 편이 되어주셨는데 알아보지 못했던 회개와 안타까움의 눈물이었다. 나는 엄마가 이렇게 눈물을 참지 못하는 건 본 적이 없었고 엄마는 이날 하루 온종일 눈물이 났다고 하셨다.

나는 하루하루 하느님과의 대화를 엄마에게만은 모두 전해주고 있다. 지금 하는 일에 대해 전적으로 믿어주시고 매일 주님의 말씀을 기다리신다. 이제 이 모든 일을 응원해 주시는 분이시다. 오히려 내가 두려워하거나 흔들릴 때 중심을 잡아주시고 나에게 걱정하지 말라며 하느님께서 하시는 일이라고 힘이 되는 말씀을 해주신다.

지금 일어나는 이 모든 일은 엄마와 가족 외에는 세상 누구에게도 말하기 힘든 일이다.

하느님께서도 이 일을 하는 동안은 내가 다른 사람들에게 증명을 받거나 위로를 받는 것을 허락하지 않으심을 느끼게 되었다. 오로지 주님께서 하시는 일이시며 나는 따르는 도구일 뿐이다.

주님의 말씀을 혼자서 감당하기 힘들었고 내용도 무겁기에 부담스러웠다. 세상에서 위로를 찾고 이 일을 증명하려 했지만, 온전히 주님과 나 이외에 다른 누구의 개입도 조언도 위로도 허락하지 않으신다.

이 글을 쓰는 동안에는 다른 누구의 도움도 필요하지 않으며 오히려 다른 사람들의 말을 듣고 내가 이 일에 집중을 못 하거나 마음이 심란해질 수 있다는 것을 나중에 깨달았다.

다만 엄마와 가족에게 말하는 것은 허락하시는 것 같고 엄마의 변화와 주님의 평화를 받으시는 모습으로 나에게 증명을 해주시고 계시다.

누군가 나의 말을 믿어주는 단 한 분이라도 계시는 게 나에게는 무척 큰 힘이 되었다. 지금껏 나를 봐온 가족들에겐 하느님의 말씀을 듣는 이 일이 크게 놀라울 것 없이 그냥 받아들여지는 일이었고 함께 기뻐해 주신다. 멀리 계신 아버지도 나에게 일어난 일을 잠깐씩 들으셨는데, 너에게만 이런 일이 계속 일어난다면서 좋아해 주셨다. 성당 교사 일을 시작할 때에는 너무 깊이 빠지면 안 된다며 봉사 일을 만류하셨던 아버지셨다.

며칠 전, 일요일에 주님께서 우리 가족에게 은총을 주신다고 말씀해 주셨는데, 생각지도 못했던 갑작스러운 우리 가족의 큰 변화였다. 주님께서 약속하시면 모든 건 너무 쉽게 그리고 신속하게 이루어 주신다.

20.

굳셈이 더 필요하다

23. 08. 23. (수) 오전 6시경, 묵주기도 후

"너에게는 굳셈이 더 필요하다.
필요 없는 것에 더 이상 신경 쓰지 마라."

"이 일은 내가 하고 있고 나의 손으로 만들어진다."

"이 세상에 얼마나 믿음이 약한지 너는 보았다.
믿음이 강해지기 위해 나를 계속 찾아야 하고
기도로 나를 만나야 한다."

(어제의 경험을 통해 나의 믿음이 약함을 다시 깨닫게 하심)

"괜찮다. 너의 굳셈이 더 필요하였다.
나와 함께 일하고 있음을 의심하지 마라.
굳세어지고 내 마음을 깊이 보아라."

"너희가 생각하는 굳은 믿음도 한순간 사라질 수 있다.

너희는 모두 나를 의심하는 것이다.
나는 보이지 않는 하느님이다."

"너희의 믿음이 너무 가볍다.
언제든지 믿음을 버릴 수 있는 자들아, 마음을 다시 고쳐라."

"너희의 믿음이 너무 약하면 나를 만날 수 없다.
나의 마음에 잠겨 나를 볼 수 있어야 한다."

"내 딸아, 이 일은 나와 하는 일이다.
너의 마음이 흔들릴 때 나에게 묻고 찾아라.
나에게 묻고 찾아라."

〈네. 저의 믿음이 많이 약하였고 쉽게 흔들렸습니다. 지금 저에게 필요한 굳셈과 평화를 주십시오.〉

"나는 너에게 내 모든 것을 보이고 있다.
그렇다. 너의 마음을 준비하고 더 굳세져라."

〈저에게 이토록 중요한 일을 맡겨주시고 넘치는 은총을 받고 있지만 제가 마음껏 기뻐하지 못하는 것도 믿음이 약한 것입니까?〉

"아니다. 너는 이 일의 신중함을 알고 있다.
나와 함께 하는 일에 두려워하지 마라."

〈이 시기에 우리에게 필요한 것이 무엇입니까?〉

"굳센 믿음과 용기이다. 쉽게 흔들릴 것이다."

오늘 이 말씀을 하신 이유

나는 그동안 이 글을 쓰면서 누군가에게 조언을 얻고, 도움을 요청하려 했다. 처음엔 주님과의 대화를 감당하기 벅차 했고 어쩔 줄 몰라 힘들어했다. 나에게 일어나는 이 일에 대해 하느님이 아닌 이 세상에서 확인하고 인정받고 싶었고 이런 일을 어떻게 생각하는지 다른 사람의 생각을 들으려 하였다.

주님의 말씀을 기록한다는 것은 감히 상상할 수도 없고 누구나 함부로 할 수 없는 일이다. 이 글에 작은 잘못과 거짓이 들어간다면 어떻게 될지 나 스스로가 이미 너무 잘 알고 있다.

하느님의 말씀을 듣고 전하는 일이 얼마나 영광스러운 일인지, 너무 큰 축복임을 알면서도 한편으로는 정말 힘들고 피하고 싶을 정도로 부담스러운 일이다.

주님과 대화를 하면서도 주님의 말씀이 맞는지 확인을 하는 내가 싫기도 하고 너무나 죄송할 일이다. 그럴 때마다 주님의 마음이 얼마나 아프실지… 그런 질문에도 주님께서는 지치지 않으시고 몇 번씩 계속 다시 확인시켜 주신다. 만일 나였다면 이미 폭발했을 정도이다. 그러나, 이 모든 생각이 나의 불안한 마음과 의심에서 나온 것이었음을 알게 하셨다. 하느님의 말씀을 세상에서 확인받으려 했던 그동안의 나의 행동이 잘못된 것임을 분명하게 깨닫게 하셨다. 이 일은 하느님께서 직접 하시는 일이시며 나는 단지 도구로 따르고 있는 것이다.

하느님과 함께하는 일, 하느님의 말씀을 나 스스로가 세상 누군가에게서 확인받고 증명받을 필요가 없었다. 나는 지시대로 시키시는 일을 그대로 하면 되는 것이었다. 이 일에 관하여 하느님께서는 이미 모든 계획이 있으시며 길을 내시기 때문이다. 그 길을 따라가기도 전에 미리 겁을 먹고 두려워하고 있었다. 나에게 확고한 믿음이 부족한 것을 알고 계셨고 그래서 계속해서 나에게 굳세어지라고, 마음의 준비를 하라고 늘 말씀하셨다. 이 일은 하느님께서 나에게 직접 내리신 일이다.

하느님과 함께 내가 완수할 일이라고 하셨고 그 누구도 도와줄 수 없는 내가 감당하고 이겨내야 할 일이었다. 주님께 모두 의탁해야만 가능할 일이었다.

'굳셈의 성령이여, 영적 힘의 강인함을 주십시오.'

내가 올해 뽑은 성령 카드 '굳셈'이 정말 나에게 가장 필요한 은총임을 알았다.

나 스스로는 믿음이 강하다고 생각했지만, 이 일을 하며 전혀 그렇지 않음을, 나의 나약함을 보았다. 이 일을 하기 위해서 굳셈의 은총이 필요하며 모두 주님께 묻고 찾아야 함을 다시 깨달았다.

　나의 믿음이 많이 흔들렸음에 용서를 구하였고 나에게 필요한 굳셈과 평화를 청하였다. 그리고 세상 모두의 구원을 위해 말씀과 가르침을 주시고 나도 그 일을 잘 수행할 수 있는 도구가 되겠다고 기도드렸다.

　"너도 나와 마음이 일치하여 기쁘다."

　"이 세상이 다가 아니라고 하였다.
　　이제 너희는 더 높은 것을 바라보고 구하여라.
　　세상이 빠르게 변하지만, 너희는 보지 못하고 산다."

　"사랑, 희생, 겸손이 다 어디에 있느냐…
　　나의 자녀들조차도 나를 깊이 보지 못한다."

　"이렇게 나를 자주 만나도록 노력하여라.
　　나와 잠깐 만나는 그 시간도
　　너희에게 큰 위로를 줄 것이다."

〈저에게 필요한 굳셈과 평화를 주시길 청합니다.〉

　"내 딸아, 나는 너에게 필요한 모든 요청을 들어주겠다.
　　너희에게 부족한 것들은 나에게서 찾아라."

주님의 가르침을 오랫동안, 그리고 많은 말씀을 듣고 싶다고 다시 청하였다.

"너는 나의 자녀이다.
나는 계속해서 너에게 가르침을 줄 것이다.
다시 분명히 말한다.
나는 너에게 가르침을 주기 위하여 왔다.
나는 너에게 모든 것을 내어주겠다고 하였다."

주님께서는 우리 자녀들의 구원을 위해 자신을 온전히 내어주시겠다고 말씀하셨다. 우리에게 먼저 다가와 주시며 "내 모든 것을 다 보이고 있다."라고 말씀하신다.

이 글을 통한 말씀과 가르침은 나뿐만이 아닌 우리 모두에게 하신 말씀이시다. 그동안 성경에 비유로만 말씀하셨던 것과 다르게 누구나 알기 쉽게, 숨기지 않고 말씀해 주신다.

주님을 잘 알고 있는 가까운 자녀들뿐만 아니라, 주님을 깊이 알지 못하는 사람들, 주님을 떠나 방황하는 이들, 믿음이 약한 사람들에게 다시 돌아오라고 부르시며 당신의 모든 걸 보여주시는 말씀이시다.

이 일은 주님께서 우리 모두의 구원을 위해 또 한 번 희생하심이다. 모든 것을 내어주시는 것과 같다. 나는 우리를 위해 주님께서 다시 옷 벗김을 당하시는 것 같은 느낌을 받고 있다.

사랑으로 애타게 우리를 찾고 부르시는 말씀이다.

너무나도 믿지 못하고 깊이 보지 못하는 우리들을 위해서…

21.

빛과 어둠의 구별

23. 08. 24. (목) 오전 5시 30분, 묵주기도 후

오늘 아침, 조금 더 자고 싶은 나에게 "어서 일어나 대화하자." 고 먼저 말씀하시며 깨우셨다. 이 말씀을 두 번 반복하셨고 나도 침대에서 벌떡 일어났다.

이제 나에게 이 일은 가장 중요한 일이며 하루하루 어떤 말씀을 듣게 될지 기대와 기쁨도 생겨났다. 이제 주님께 나의 사랑도 드리고 싶고 이 일에 최대한 노력하고 싶었다.

'나는 더 굳세져야 한다!'

나의 사명을 잘 이행할 수 있도록 대화 전 먼저 묵주기도로 청하였고, 그동안 나의 잘못들과 알지 못한 많은 죄에 대하여 용서를 빌었다. 어릴 적 나의 잘못들, 다른 사람들에게 상처를 준 일, 주님께 순종하지 못했던 많은 일들… 이제 그 모든 죄와 그리고 알지 못한 죄에 대해서도 벗어나고 용서받고 싶었다.

주님께서는 곧바로 용서뿐 아니라 더 많은 사랑을 주신다고 말씀해 주셨다. 대신 자주 주님을 찾으라고 말씀하셨다.

"빛 속에서 살아라.
 어둠이 덮쳐올 때 빛은 중요하다."

"빛은 나의 은총과 사랑, 자비와 온유이다.
 이 빛을 받아라."

"빛은 하늘이고 어둠은 지옥이다.
 빛은 나의 말이며 어둠은 나를 믿지 않는 것이다."

"너희 스스로 빛을 찾아 그 속에 살아야 한다.
 너희가 빛을 받지 않을 때 생명을 잃을 것이다."

"빛 속에 살기 위해 죄의 용서를 청하여라.
 빛 속에 살기 위해 너만이 아닌 다른 사람들을 보아라."

"너희가 빛과 어둠을 구별하듯이 지키며 살아가야 한다.
 이 세상 속에 살고 있는 많은 이들이 어둠에 갇혀 산다.
 이제 그 어둠에서 빛으로 와라.
 나를 찾아라."

"이 세상이 전부가 아님을 다시 말한다."

〈어둠에 갇힌 많은 사람들이 어떻게 빛으로 나올 수 있습니까?〉

"그들의 회개와 기도이다.
 그리고 너희들의 어둠에 갇힌 이들을 위한

194

구원의 기도이다."

"너희의 다른 이들의 구원을 위한 기도는 무척 중요하다.
　나는 너희의 희생을 헛되이 보지 않으며
　더 큰 은총을 베풀겠다."

"빛에 사는 것은 나의 말을 듣고 내 안에 살며
　나를 닮도록 노력하는 것이다."

"나를 따르는 사람이 많지 않다.
　그러나 마지막까지 회개를 하며 나에게 다시 돌아온다면
　모두 받아들일 것이다.
　너희는 나의 빛을 받고 그 사랑 안에 살아라."

〈자신이 어둠 속에 있음을 알지 못하고 사는 사람들도 지옥을
가는 것입니까?〉

"그렇다. 너희 삶 속에서 나를 찾아야 한다.
　나는 항상 곁에 있지만 그들이 외면하는 것이다."

오늘 말씀 중에서 어둠에 갇힌 사람들이 어떻게 빛으로 나올
수 있는지 물었다.
　주님께서는 자신의 회개와 기도, 그리고 다른 사람의 구원을
위한 기도의 중요성을 말씀해 주셨다. 주님께서는 스스로 빛을

찾는 노력이 필요하다고 우리에게 분명히 말씀하신다.

그 빛은 영원한 생명이다.

나에게도 굳셈과 용기를 더 가지라고 말씀하신 것과도 비슷하다. 우리는 스스로 부족한 점을 알고 용기를 내어 찾고 구해야 하는 것이다. 모두에게 그냥 주어지는 것은 없다. 우리 스스로 주님께 두드리고 청할 때, 즉 용기 내어 주님을 찾고 의탁한다면 우리에게 필요한 은총과 주님의 빛 안으로 모두 받아들이겠다고 분명 말씀하셨다.

내가 느끼기로는 지금 주님께서는 우리에게 모든 기회의 문을 활짝 열어주시는 것 같다. 어떠한 죄가 있더라도, 그동안 얼마나 주님을 외면하며 살았는지에 상관없이 모두에게 똑같은 기회를 다시 주시는 것 같다. 다시 빛으로 돌아오면 모두를 받아주신다고 약속해 주신 것이다. 가장 편하고 안전한 길, 구원으로 가는 길의 방향을 너무나 쉽게 제시해 주시고 계신다.

이 말씀은 주님께서 "첫째가 꼴찌 되고 꼴찌가 첫째 되는 이들이 많을 것이다."(마태 19,30 참조)라는 비유의 말씀을 떠오르게 하셨다.

그동안 하느님을 외면하며 살았더라도, 이 마지막 때에 회개를 하고 돌아오는 사람이 첫째가 될 수 있고 반면, 스스로 늘 주님을 잘 알고 있다고 생각하고 믿음의 생활을 하였더라도 마지막 환난의 시기에 깨어 있지 못하다면, 한순간 악의 유혹에 빠져 잘못되는 사람이 많이 있을 것이라고 하신 말씀이셨다.

우리에게 주신 이 소중한 기회를 모두 놓치지 않길 바라며 이 글을 쓰고 있다.

지금 주님께서는 우리에게 모든 걸 다 보이시고 받아주신다고 하신다. 우리가 청하고 두드린다면 분명 하느님의 사랑받는 자녀로 다시 태어날 수 있다고 말씀하신 것이다.

이 말씀은 나에게도 가장 안심이 되며 희망적인 말씀이셨다. 그리고 다른 사람의 구원을 위한 기도는 하느님께서 가장 원하시는 기도인 것 같다. 주님께서도 그 희생을 결코 헛되이 하지 않으신다고, 더 큰 은총을 베풀어 주신다고 말씀해 주셨다.

· ·

밤 11시 50분, 잠시 화살기도

"너의 수고로움은 기쁨으로
　너의 희생은 결실을 맺게 하겠다."

"이 일을 하는 동안, 그리고 그 이후에도
　너를 보호하며 기쁨을 주겠다."

〈주님, 앞으로도 계속 주님을 더욱 깊이 알게 하시고 말씀해 주소서.〉

"내 모든 것을 보여주겠다."

22.

자비, 베풀 수 있을 때
모두 베풀어라

23. 08. 25. (금) 오전 5시 30분, 묵주기도 후

눈을 떴을 때 나의 죄에 대해, 어릴 적부터 지금껏 잘못한 모든 것에 대한 죄를 용서해 달라는 기도를 청하였다.

지금 하는 일, 구원을 위한 주님의 말씀을 잘 듣고 잘 기록할 수 있도록 기도로 청하였다.

〈제가 많이 부족하지만 굳셈을 받고 구원의 일이 잘되길 청합니다.〉

"이 일은 모두 정해진 일이며, 내가 하는 것이다."

"너희는 나를 단 한 순간도 떠나지 마라.
너희가 길을 잃기 쉽다.
그 길을 잃는 것은 너희의 모든 걸 잃는 것이다.
너희는 나에게 묻고 기대어라.

간절히 청할 때 나는 기도를 들어준다."

"이 일은 신속하게 이루어질 것이다.
네가 걱정할 것은 없다.
나에게 이 일이 가장 중요하기 때문이다.
너는 나를 자주 만나야 한다.
내가 기다리고 있음을 잊지 마라."

"이미 이 세상은 곳곳에서 힘들어하고 있다.
너희는 (그 고통을) 잘 모른다.
그들의 고통을 같이 느끼며 작은 것이라도 나누어라.
너희들의 작은 용기로 베풀 때 나는 결코 잊지 않겠다."

"나는 세상을 위한 너희들의 용기와 투신을 보는 것이다.
주위를 보고 할 수 있는 것을 행하여라."

"너희의 자비를 베풀 수 있을 때 모두 베풀어라.
그에 대한 상은 나에게서 받을 것이다."

"고통 속에 빠진 이들은 나를 볼 수 없다.
너희가 그들에게 자비를 베풀어라.
그들이 나를 다시 찾을 때
너희가 받을 상은 크다."

"나는 너에게 모든 것을 가르칠 것이다.
 나의 모든 것을 감추지 않을 것이다."

"세상은 많이 이기적으로 변한다.
 싸움이 곳곳에서 일어나며 끝이 없을 것이다.
 이때 너희는 행복을 모르며 산다.
 아무런 감정도 느끼지 못하는 것이다."

"너희의 마음에 용서와 사랑으로 가득 채워라.
 많은 이들의 마음이 비어 있다."

"너희가 나를 다시 찾게 되면 행복을 누릴 것이다.
 그 행복은 사라지지 않으며
 무엇과도 바꿀 수 없음을 알게 될 것이다.
 너희의 마음을 닫지 마라."

〈저희의 마음을 사랑과 자비로 가득 채우게 하소서….〉

"너는 오늘 나의 말을 듣고 바로 실행에 옮기었다.
 그렇게 작은 것 하나라도 베풀어라.
 그러한 때가 많이 남지 않았다.
 너희의 보물을 천상에 쌓기 위함이다."

"너희는 고통 속에 빠진 이들의 고통을 잘 모른다.
먼 이웃이 아닌 형제 가족과 같다.
그들의 고통을 느끼며 위로해야 한다."

"너의 이 일도 즐겁게 하여라.
희생과 사랑을 하며 더 견디어라.
내가 모든 위로를 줄 것이다."

23.

조건 없는 사랑

23. 08. 26. (토) 오전 0시 25분

잠들기 전 새벽, TV를 보다가 문득 내가 주님께 받는 사랑이 너무 크다는 걸 깨달았다.

내가 무엇이라고, 이토록 많은 사랑을 받을 수 있을까…

먼저 주님을 찾지 않았고, 사랑을 많이 드리지 못했고, 주님께 약속을 잘 지키는 성실한 딸도 아니었다. 주님께서 나와 함께 계시고 사랑받는 게 늘 당연하다고 생각했었다. 주님께 사랑을 받는 것, 그것은 이 세상의 어떤 깊은 사랑과도 비교할 수 없을 만큼 크다. 그 깊이가 너무 깊고 무한하여 헤아리지 못할 것 같았다. 그 끝없는 사랑을 이제야 조금씩 느껴지며 그동안의 내가 너무 죄송했다.

예수님께 내 사랑을 전해드리고 싶었다. 예수님과 나, 둘만의 대화를 나누고 싶었다. 이 일과 상관없이, 어떤 청원의 기도도 아닌 내 사랑을 전했다. 주님께서도 나의 순수한 마음을 받으셨고 더욱 많은 사랑을 표현해 주셨다. 주님께서도 이때만큼은 나에게 이 글을 위한 가르침이 아닌 깊은 사랑, 한없는 사랑을 모두 보여주셨다. 이 글에 모두 담을 수도 없는 한없는 사랑이셨고 자신의 모든 걸 내어주시는 분이시다.

마지막으로 내게 해주신 특별한 말씀은 내가 주님의 모든 것을 알게 될 것이고 내가 더 많이 변화할 것이라고 말씀하셨다. 이 말씀이 무슨 뜻인지 잘 이해하지 못했다.

....

오전 7시경

"내 딸아, 너의 사랑을 보여주어 고맙다.
 너와 내가 하나 되어 기쁘다.
 너와 내가 더 일치하여 함께 씨앗을 뿌리는 것이다."

"너의 씨앗이 분명 결실을 맺게 하겠다.
 그 열매는 많은 사람들이 나에게 다시 돌아오는 것이고
 선을 찾아 베푸는 것이다."

"나의 사랑을 깊이 보아라.
 내 사랑은 끝이 없다. 너희가 헤아릴 수 없다.
 나에게 사랑한다고 말해주고 찾을 때
 내 사랑이 얼마나 큰지 너희는 잘 모른다.

내 사랑의 깊이를 보여줄 수 없지만 믿어야 한다."

"너희가 아무런 이유나 기대(청원) 없이
사랑만으로 나를 찾고 위로를 준다면
나는 너희에게 모든 걸 내어주고 싶다.
나는 결코 너희를 모른다고 하지 않을 것이다.
나는 그들을 외면하지 않는다."

"내가 주는 사랑을 받고도
나를 알아봐 주는 이가 많지 않다."

〈주님과 하나 되어 사랑 안에서 살고 있고 이 큰 행복을 이제
야 저도 다시 깨달았습니다.〉

"내 사랑 안에 잠겨 행복을 느낀다면
너희는 모든 걸 치유받고 위로를 느낄 것이다."

오전 9시 30분, 자비의 기도 후

〈주님, 이 환난 속 모든 사람이 고통에 빠져 주님을 외면하지
않게 하시고, 모두 주님 품에서 사랑받고 머무르게 하소서.〉

"이때에는 나의 사랑을 깨닫고 살아가는 것이
큰 힘이 될 것이다.
나는 너희에게 모든 걸 내어주려 한다.
내 사랑을 받아 너희 마음을 가득 채워라."

〈주님을 사랑하는 모든 사람은 천국에 갈 수 있습니까?〉

"나는 그들의 기도를 들어줄 것이다."

〈주님께서 이 세상의 재앙과 고통을 보실 때 주님의 마음은 어떠십니까?〉

"나의 마음도 함께 무너진다.
어찌 나의 마음이 괜찮겠느냐.
나는 그들의 고통을 외면하지 못한다.
그 사랑의 깊이를 너희는 헤아릴 수 없다."

앞으로 나는 어떻게 살아가야 하며 이 일을 어떻게 해야 할지 여쭈었다.

"나는 너에게 길을 내어줄 것이다.
나와 함께 가는 길이며 내가 원하는 길이다."

〈주님, 저는 기꺼이 따르겠습니다. 다만 다른 길로 잘못 가는 일이 없도록 늘 함께해 주소서.〉

"네가 바라는 모든 것을 들어주겠다.
다시 말한다.
나는 천상에 너의 자리를 마련해 줄 것이다."

24.

기도로 그들의 눈물을
씻어주어라

23. 08. 27. (일) 오전 7시경

이 글에 관하여 그리고 세상의 구원을 물었다.

"내 딸아, 나에게 모든 계획이 있다.
 이 책은 빛의 말이며 어둠에서 다시 모아들이기 위한 책이다.
 이 글에 나에 관한 모든 것을 알리겠다."

"이 일은 시급한 일이다. 너도 이 일에 매진하여야 한다."

"네가 본 재앙들은 일부이다.
 (TV 시사프로에서 다른 나라의 큰 산불과 식량 위기를 보았다)
 고통 속에 빠진 이들의 수가 너무 많다.
 이 세상에서 숨어 있는 고통에 빠진 이들은
 너희의 손길을 기다리고 있다.
 그 많은 한탄과 울부짖음을 들어야 한다."

〈저희는 어떻게 해야 합니까?〉

"기도하여라. 기도로 그들의 눈물을 씻어주어라.
 그 작은 이들을 위해 너희의 기도가 필요하다."

〈아버지, 저희의 기도가 그들의 영혼 치료가 됩니까?〉

"나는 분명히 말한다.
 너희의 기도는 모두 들어준다."

〈기도 없이는 안 되는 것입니까?〉

"그렇다. 그 세상이 (재림 때) 더욱 빨리 찾아올 것이다.
 너희의 기도가 그들의 구원이 될 것이다."

〈저도 이 세상 모든 이들의 구원을 위해 기도하겠습니다.〉

"너희의 기도와 희생은 결코 헛되지 않을 것이며
 결실을 맺게 된다."

"너희가 보는 고통은 앞으로 더욱 커질 것이다.
 그러나 모두의 마음이 닫혀 있다.
 이 세상과 함께 나의 마음도 고통이 계속되며 무너진다."

"나의 선택을 받은 이들아, 기도를 게을리하지 마라.
  나와의 대화를 잊지 말아라."

"너희가 너희들보다 못한 이들에게 베풀 때,
  나는 모두 기억할 것이다.
  나와 함께 이 세상을 더욱 사랑하여라.
  너희의 자비를 모두 보여라."

저녁 9시 30분

주님께서 주신 평화와 행복에 감사기도를 드렸다.
  주님과 함께 하루하루를 살아가고 있음을 깨닫게 되었고 행복
한 마음이 들어 지금 이곳도 천국 같다고 말씀드렸다.

"너와 내가 일치한다면 이곳에서 천국을 누릴 수 있다.
  나는 기꺼이 너희에게 모든 것을 베풀기 때문이다."

〈어떤 두려운 상황에서도 주님과 함께이면 이렇게 평화를 얻
고 행복할 수 있습니까?〉

"나는 너희를 지키고 보호한다.
너희가 내 안에 완전하게 잠기면 두려움이 없어진다."

〈아버지를 뵙고 싶고 아버지 안에서 벗어나지 못하게 하소서.〉

"우리는 이미 하나이다.
너에게 나의 모든 것을 보여주고 싶다.
너는 오늘 나에게 찾아와 주었다.
그때 내가 얼마나 기뻤는지 너는 모른다."

성당에서 교사들과 회합 전, 시간이 남아 성체조배실에서 잠시
기도드렸는데 그때를 말씀하셨던 것이다. 나는 벌써 그 일을 잊
고 생각지도 못했지만 주님께서는 모든 걸 알고 계셨다.

25.

자만심을 버려라

23. 08. 28. (월) 오전 5시 50분, 묵주기도 후

주님께서 우리에게 모든 것을 알려주시는 자애에 대하여 감사
기도 드렸다.

"나는 유일한 하느님이다.
나에게 오면 평화를 얻으리라."

"너희는 이 세상이 무섭지 않느냐?
(곧, 하느님 자신이 무섭지 않느냐? 라는 말씀이셨다.)
그러나 곧 무서운 세상을 볼 것이다.
내가 진노에 이르렀을 때, 너희는 감당할 수 없다."

"나의 자녀들에게 말한다.
너희의 자만심을 버려라.
너희가 이 세상을 혼자 산 것이 아니다."

"너희가 행한 그대로 벌이 준비되어 있음을 알아라.
　그 벌은 영원하다."

"너희는 이것을 바로 깨달아라.
　너희가 나에게서 돌아설 때 구원을 받을 수 없다.
　너희가 혼자 살겠다고 떠나는 것이다."

"얼마나 많은 이들이 지옥으로 가는지 모른다.
　너희가 나의 선물을 받지 않을 때 지옥을 가는 것이다.
　지옥의 단 하루도 견디지 못할 것이다."

"이 마지막 때 나의 모든 것을 알려준다.
　깨어 있는 사람은 받을 것이다."

〈이 글을 써야 합니까?〉

"그렇다. 그대로 써라."

〈지옥은 어떤 사람이 가는 것인지요?〉

"그들은 악과 친하며 나를 조롱한다.
　내가 없다고 거짓을 말하며 나를 감춘다."

"너희는 너희의 행실 그대로 받을 것이다.

나의 경고를 가벼이 보지 마라."

"나는 분명히 말한다.
아직 너희에게 기회가 있을 때 회개하여라.
갑작스럽게 닥치는 순간, 그때는 언제인지 모른다."

"지금 이 세상의 악이 무성하다.
악들이 모두 일어나 끝까지 자신의 세력을 확장하려 한다.
그러나 마지막 때에는 내가 모두 멸망으로 태울 것이다.
그 악들은 영원한 지옥으로 가게 될 것이다."

저녁, 자비의 기도 후

"내 딸아, 모든 이들이 죄를 짓는다.
너희가 아는 죄들을 모두 끊으려 노력해야 한다."

"나를 찾는 노력이 필요하듯
죄도 끊으려 노력하여라.
너희의 마음이 굳세지도록 청하여라."

26

사소한 죄, 습관처럼 짓는 죄

23. 08. 29. (화) 오전 5시 30분, 묵주기도 후

"모든 이들이 자신의 죄를 뉘우치지 않는다.
많은 죄를 짓고도 당연하게 여긴다."

"나의 딸아, 늘 나와 함께 나를 생각하고 있느냐?
한순간도 너희가 나의 자녀임을 잊지 마라."

"그런 경계가 없을 때 쉽게 빠져든다.
사소한 죄라도 습관처럼 짓는 죄에서
빠져나오도록 노력해야 한다.
기도로 늘 방어해야 한다."

"너희 스스로도 자신을 성찰하여
약한 점은 나에게 맡기고 의지하여라."

"그러나 너희는 나보다 악을 더 많이 찾고 있다.

모든 즐거움이 그곳에 있다 하고 찾으려 한다.
그 악은 너희의 순수함을 없애고
마치 당연한 것처럼 포장된다.
계속해서 너희의 마음에서 자라나려 할 것이다.”

“너희가 천국에 부끄럽지 않도록 깨어 있어라.
그곳이 허락되지 않을 것이다.
너희의 사소한 악도 구별하여 지켜야 한다.”

“너희는 나의 아름다움과 사랑 속에 빠지도록 나를 찾아라.
그 행복은 잠깐의 즐거움과 비할 수 없다.
너희 삶 속에서 참행복을 구하여라.”

이제껏 내가 저지른 모든 죄와 잘 알지 못한 습관이 되어버린 죄에 대해서 용서를 청하였고 앞으로 죄를 피할 수 있도록 기도 드렸다.

모든 사람들이 잘못을 스스로 깨닫게 하시고 모르고 저지른 죄에 대하여 용서해 주소서…

“나는 이미 내 모든 것을 내어주겠다고 하였다.
모두 용서하기 위함이다.”

"나의 자비는 끝이 없지만 너희의 잘못을 알고 뉘우칠 때,
 같은 잘못을 하지 않도록 굳게 다짐하여라.
 너희의 노력과 성의를 나에게 보여야 한다."

"너희가 더 이상 죄를 끊어버리고자 나에게 청해올 때,
 나는 그들을 도와줄 것이다.
 죄를 피하도록 할 것이다."

"너희는 모두 새롭고 깨끗하게 다시 태어날 수 있다.
 그러나 이 모든 것은 나의 은총이 있어야 한다.
 계속해서 나에게 은총을 청하여라.
 모두 받게 될 것이다."

저녁 9시 40분, 묵주기도 후

〈부족하고 철없는 저에게 이런 큰일을 함께 하도록 맡겨주심에 감사드립니다. 저의 십자가를 지며 주님의 길을 잘 따를 수 있도록 의탁합니다.〉

〈아버지께서 죄를 막아주실 수 있으십니까?〉

"나는 못 하는 게 없는 하느님이다."

〈저도 죄를 짓지 않도록 도와주십시오.〉

"네가 나를 더 자주 찾아야 한다.
　너희가 내 안에 잠겨 함께 살 때 내가 보호할 것이다.
　나의 도움이 있으면 힘든 일이 아니다."

　하느님께 이 글을 쓰는 동안 이 글을 누구에게도 보이지 말아야 하는지 물었다.

"그렇다. 이 일은 너와 내가 하는 일이며 중대한 일이다.
　이 글은 나의 말이며 완성되었을 때 내가 허락할 것이다."

〈주님께 더 많은 말씀을 듣고 싶습니다. 저희가 깨어날 수 있도록 가르쳐 주십시오.〉

"네가 이 글에 대하여 궁금한 줄 안다.
　나는 여기에 나의 말들을 모두 쏟아낼 것이다.
　너의 궁금함도 모두 물어도 좋다."

〈천국과 지옥으로 가는 가장 큰 차이점이 무엇입니까?〉
궁금한 점을 바로 물었다.

"사랑. 나를 사랑하고 세상(이웃과 자연)을 사랑하는 것이다."

〈주님의 사랑을 받기 위한 첫 번째는 무엇입니까?〉

"나를 자주 찾고 만나는 것이다."

27.

환난의 대비

23. 08. 30. (수) 오전 6시 30분, 자비의 기도 후

주님의 말씀과 가르침을 받는 것은 너무나 소중하며 감사한 일이다. 모든 이들의 구원을 위해 더욱 많은 말씀을 해주시길, 주님께서도 언제든 나를 더 불러주시길 기도드렸다.

"나도 언제나 너와 대화하고 싶다.
내가 너를 부를 때 귀찮다고 하지 말아다오.
너와 대화하는 이 시간을 나는 기다린다."

"너는 나와 함께 살고 있음을 잊어버린다.
너의 마음에 내가 항상 함께 있음을 잊지 말아라."

이 말씀은 내가 하루를 온전히 주님과 함께이지 못하고 일을 하는 동안에는 잊고 지내다가 말씀을 듣기 위해 또는 기도를 하기위해 의무적으로 주님을 찾고 있기 때문에 지적하신 말씀이셨다.

우리는 보이지 않는 주님을 가끔은 잊어버리기도 하고 깊이 보지 못한다. 그러나 주님께서는 매 순간 우리의 아버지로 우리 자녀들 마음 안에 함께 살아 계신다.

〈네. 잊지 않겠습니다.〉

"이 세상은 나의 아름다운 선물이었다.
 그러나 앞으로 그 모습을 차츰 감출 것이다.
 세상의 아름다움은 안타까움과 한탄으로 바뀔 것이다."

"앞으로 올 많은 재앙으로
 너희의 풍요로움이 사라질 것이다.
 이것은 또 너희의 싸움으로 계속 번질 것이다."

"이것은 나의 선물을 내어주지 않기 때문이다."

〈제가 이 뜻을 알기 쉽게 말씀해 주십시오.〉

"앞으로 너희의 식량이 부족해지며
 그것으로 인해 갈등과 싸움이 계속될 것이다.
 지금의 풍요로움은 서서히 사라질 것이다."

"이때 너희가 나를 더욱 찾지 않는다.
 이기심이 앞을 가리기 때문이다."

〈저희는 이때 어떻게 살아야 합니까?〉

"너희의 모든 마음을 비우고 주어지는 대로 살아라.
  내가 있음을 잊지 말며 세상에서 구하려 하지 마라.
  나에게 의지하여라."

〈이런 세상이 앞으로 빠르게 옵니까?〉

"그렇다.
  너희가 알지 못하는 순간 와 있을 것이다.
  많은 땅에서 수확이 어려워질 것이다.
  내가 허락하지 않기 때문이다."

〈저는 그런 세상이 상상이 안 되며 어떻게 해야 할지 모르겠습
니다….〉

"너희에게 대비를 시키는 것이다.
  그때 이 모든 어려움을 나에게 의탁하며 찾아야 한다.
  너희는 주어지는 것에 감사하며 살아야 한다."

"나는 너희에게 대비와 피할 수 있는 방법을
  알려주는 것이다."

〈그때 저희에게 가장 필요한 것은 무엇입니까?〉

"나에 대한 믿음뿐이다."

〈아버지께 의탁하면 이 고통을 피할 수 있습니까?〉

"너희에게 견딜 수 있는 힘을 줄 것이다.
또한 나는 너희의 기도를 외면하지 못한다.
이 세상의 주인은 나다."

"세상을 두려워하지 말아라.
너희는 나를 두려워하여라."

· ·

오후, 묵주기도 후

〈주님께서 저에게 가장 행복하고 평화롭다고 하셨는데 그 말씀이 모두 맞습니다. 지금 저에겐 부러울 것 없이 행복합니다.〉

"이 일은 너에게 큰 영광의 일이다.
이 일을 하는 동안 더 나를 자주 찾고 투신하여라.
이 글이 완성되었을 땐 나의 모든 말이 담길 것이다.

이 글에 내 온 마음을 내어놓았다."

〈아버지께서 저희를 위해 이렇게까지 하시는 것에 감사드립니다.〉

나는 주님과 대화를 하며 주님의 고통, 그리고 우리를 너무 사랑하시고 불쌍히 여기시며 구원을 위해 모든 걸 내어놓으심을 더 깊이 이해하고 느끼고 있었다. 주님의 말씀을 들을 때 사랑과 위로, 기쁨, 걱정, 슬픔, 단호함 등 어떤 감정으로 말씀하시는지 모두 느낄 수 있었다.

"내 딸아, 너는 나의 위로자이다.
나는 너의 마음을 받았고 위로가 되었다.
이렇게 서로 대화하자."

〈네. 저도 바라는 것입니다….〉

〈지금 이때 주님께서 글을 쓰도록 말씀하시는 이유는 무엇입니까?〉

"내가 분명히 말한다.
모든 때가 가까웠다.
너희의 마음을 강하게 하려는 것이다."

〈이 일에 왜 저를 선택하신 것입니까?〉

"내 딸아, 나는 이미 너를 모두 알고 있다.
내가 너의 창조주이다."

28.

환난 속에서
보호받게 할 것이다

23. 08. 31. (목) 오전 6시, 자비의 기도 후

환난의 시기에 나의 마음이 굳세어서 믿음을 저버리지 않도록, 이기심으로 살지 않도록 기도로 청하였다.

어제저녁에 새로 개봉한 재난 영화를 본 후, 평범한 사람들이 고통에 빠지면서 이기심으로 죄를 짓는 것을 보았고 나도 그런 상황에서는 어떻게 행동하게 될지 장담할 수 없었다. 나는 어떤 사람인지, 나의 이기심에 대해 다시 생각하게 되었다.

"환난의 시기는 한순간이 아니다.
(영화처럼 짧은 순간이 아님을 말씀하셨다)
고통의 삶에서 참고 견디어야 한다.
너희가 겪지 못한 고통이다."

〈저희가 그 시기에 이기심이 생기지 않도록 하려면 어떻게 해야 합니까?〉

"너희의 마음을 비우고 내가 주는 것임을 믿어라."

〈앞으로 닥쳐올 환난에 대비해도 됩니까?〉
(약간의 식량이나 물건 등. 너무 철없고 한심한 질문인 걸 알면서도 순간
질문을 하게 되었다)

"내 딸아, 가진 것을 나누어라.
너희가 선을 베풀 때 나의 보호가 있을 것이다."

"이때에는 너희의 마음과 눈을 모두 나에게 집중하여라.
한순간도 벗어나지 마라."

"환난의 시기에도 가진 이들은 행복하다 할 것이다.
그러나 곧 허무임을 알게 된다."

"이때 고통받는 이들에게 하는 작은 베푸는 것이
너희가 쌓아두는 식량보다 더 값지고 클 것이다."

"너희들의 식량이나 가진 것을 나눌 때,
나는 너희들을 환난 속에서 보호받게 할 것이다.
나와 함께하며 깨닫는 이만 누릴 것이다."

이 말씀이 모두 주님께서 하시는 말씀이신지 다시 물었다.

"그렇다."

〈저희가 환난도 크게 두려워하지 않아도 됩니까?〉

"그렇다.
　너희의 마음에서 내가 떠나지 않도록 굳세게 믿어라."

〈아버지… 환난의 시기에 고통이 크지 않으며 저희 마음도 굳세
어지도록 그리고 그 환난의 시기가 길지 않길 기도합니다….〉

"너에겐 그 무엇도 필요 없다.
　내가 있지 않느냐."

〈이때 저희가 주님께 무디어지거나 슬픔에 잠기지 않도록 함
께해 주소서.〉

"내가 이 일을 하는 이유이다."

"내 딸아, 고통에 있는 이들을 위해 기도하여라.
　나를 한순간도 잊지 마라.
　믿어라.
　믿는 이들에게는 고통을 경감할 것이며 보호를 받을 것이다."

〈환난 속에서도 주님과 함께 살면 보호해 주시는지요?〉
(이 말씀이 너무 중요하여 떨리는 마음으로 다시 여쭈었다)

"그렇다. 나를 찾는 이들은 위안을 얻을 것이다."

"지금 시작되었다.
　너희가 베풀고 사랑을 나눌 수 있을 때 행하여라.
　나를 믿고 따르는 자들은 버려두지 않을 것이다."

〈제가 받아 쓴 이 글에 대해 다시 확인을 청합니다.〉

"그렇다. 너를 통해 가르치는 이유이다."

"목마른 이들에게 물과
　배고픈 이들에게 식량은 꼭 나누어야 한다.
　너희가 이 세상에 쌓아 올린 것이
　허무임을 알게 될 것이다."

....

　주님의 뜻에 잘 따를 수 있도록, 주님의 사랑을 닮을 수 있기를
기도드렸고, 나에게 모든 악이 오지 못하도록 청하였다.
　예수님께서 우리를 위해 모두 내어주시는 사랑을 느끼며 나도
주님께서 외롭지 않게 힘이 되고 싶었다. 주님의 십자가를 잘 따

르게 하시고 저에게 굳셈과 평화를 주소서…

"너의 마음은 고요하고 평화롭다.
 네가 나의 마음을 치유해 주는구나.
 너는 나에게 위로와 기쁨을 주고 있다."

"나 또한 받은 대로 너에게 깊은 사랑으로 되돌려줄 것이다."

"너는 너 스스로 부끄러운 딸로 생각하지만 나는 그렇지 않다.
 너는 나를 닮으려 하며 내 말을 실천하려 한다.
 너의 희생까지도 나에게 내주었다."

"나는 꼭 보상을 해준다.
 너희가 준 사랑에 백배, 천배로 되돌려주려 한다.
 나는 너희의 샘과 다르다."

〈그래서 제가 드리는 사랑보다 늘 주님께 더 많은 사랑을 받는
것입니까?〉

"그렇다. 나는 모든 걸 내어주고 싶어 한다."

〈주님께서 저희에게 더 해주실 말씀을 청합니다.〉

"이 환난 때 가진 이들은 자신의 것을 놓칠 수 없어

세상을 보지 못한다.
자신의 것을 지키기 위해 삶의 목적과 이유도 잃어버린다.
그들은 이 세상에서 승리자라 생각하지만
천상의 자리는 허락되지 않을 것이다."

"그들의 모든 것을 팔아도 천상과는 바꿀 수 없다."

"너희의 욕심을 내려놓고 나누어라."

29.

의무감으로 나를 찾지 마라

23. 09. 01. (금) 오전 6시 30분

주님의 일을 하면서 나의 부족한 점에 대하여 용서를 청하였다. 주님을 자주 찾지 못하고 기도를 많이 못 하는 점, 이 일에 열정을 다하지 않음, 나의 성실하지 못한 태도…

"나를 두려워하지 마라. 늘 너와 함께 있다."

〈저의 마음은 평화롭고 행복합니다. 그러나 제가 잘못한 점이 있다면 용서해 주십시오.〉

"너는 나를 만나게 될 것이라는 말에
반가움보다는 두려움이 앞섰다."

"너의 마음속 근심과 불안을 없애라. 더 평화롭게 하여라.
너의 마음을 더욱 단련하여 나와 함께 있음을 느껴라.

항상 함께하고 있음을 인지하여라.
너는 때때로 나를 찾는 것이다."

"나와 함께 사는 이는 근심 걱정이 없다.
나와 함께 모든 것을 해결할 수 있지 않으냐."

"나와 함께 사는 이는 어려운 것이 없다.
나에게 물으면 모든 해답과 평화를 줄 것이다."

"너는 항상 너 혼자서 생각하고 나를 잊어버린다."

〈네. 저의 마음과 태도를 어떻게 바꿔야 합니까?〉

"항상 너와 내가 함께 있음을 생각하며 감사하여라.
나에게 좀 더 자주 표현해다오.
의무감으로 나를 찾지 마라."

〈아… 제가 이 글을 쓰며 의무감과 목적으로 주님을 찾고 있습니다.〉

"나는 살아 있는 하느님이다.
나 또한 모든 것을 느끼고 있다.
너의 목적이 없이도 나를 더 가깝게 만나야 한다.
나를 소홀히 생각하지 마라."

〈아버지. 저의 잘못들을 모두 말씀해 주십시오.〉

"나와 만날 때는 두려움과 의무가 아닌
  아버지와 자녀 사이로, 사랑으로 반겨야 한다."

〈주님, 어제 저에게 많이 서운하셨습니까?〉

"다시 말하지만 나를 두려워하지 말아라.
  나는 너희에게 모든 것을 내어주고 있다.
  나의 마음을 모두 보이고 있다."

"나에게 진실하고 가깝게 대하여라.
  그래야 나의 마음도 모두 줄 수 있다."

"너는 부끄럽지 않은 나의 딸이다.
  나는 너에게 더 많은 것을 보이고 가르치겠다.
  너 또한 더 성장하여라."

〈제가 느끼지 못한 잘못들을 알려주십시오. 그리고 늘 주님과
함께 살고 있음을 잊지 않게 하소서.〉

"너의 평화, 기쁨, 슬픔도 나와 나누어라."

"너희는 나와 함께 살며 나를 닮아 너의 이웃들에게
  나의 사랑과 위로를 전해주어야 한다.

너희들을 통해 그들도 나를 알아보게 하여라.
따뜻한 말과 눈빛으로."

〈네. 아버지께서 무엇을 원하시는지 알겠습니다.〉

"내가 너희에게 준 것들을 너희도 그대로 나누어라."

....

오늘은 주님께 면목이 없기도 해서 더 늦은 시간 주님을 찾게
되었다. 내가 목적과 의무감으로 주님을 찾는다는 지적을 들었
기에 성모님의 순종하는 마음을 닮고 싶다고 기도로 청했고 주
님의 선하심과 자애를 사랑한다고 내 마음의 고백을 하였다.

"내 딸아, 너의 마음을 항상 깨끗이 비워라.
다른 여러 가지 온갖 생각도 고민도 비워 정결하게 하여라."

"너의 마음을 다스릴 줄 알고
너의 온 마음이 나를 향해야 한다."

"어지러운 너의 마음에서 나를 찾기 어렵다.
나를 위해 너의 마음을 비워놓아야 한다."

30.

나는 나의 자식들을
찾고 부르고 있다

23. 09. 02. (토) 오전 7시 10분

"너를 통해 많은 것을 가르치고 있다."

"이 세상이 다가 아니다.
네가 보고 있는 아름다운 세상이 전부가 아니다."

"이 세상의 곳곳에 많은 고통이 있다.
이제 너희의 뜻을 하늘에 두어라.
버려질 세상에서 너희의 모든 집착을 벗어라."

"이 세상이 아닌 더 높은 곳과 선을 추구하여라.
그렇게 더 높은 곳을 바라볼 때,
너희는 나와 진리를 찾을 것이다."

"그 진리는 너희 삶의 이유와 목적이다."

"다시 한번 말한다.

이곳은 하나도 남지 않을 것이다. 영원하지 않다."

"너희는 나를 보지 못하더라도 나를 믿어야 한다.
너희가 보이는 세상만을 믿었을 때,
그 어리석음에 한탄할 것이다."

"내가 가리던 모든 것을 벗고 너희에게 말한다.
내가 이곳을 창조했고 이곳은 영원한 곳이 아니다."

"너희의 어리석음을 깨닫고 나에게 와라.
너희 모두는 나의 자식들이다.
나는 나의 자식들을 찾고 부르고 있다."

"내가 보이지 않더라도 나를 찾아라.
너희가 마지막 때 나를 보고서 믿을 때에는(예수님 재림 때)
그대로 너희의 죄를 받게 될 것이다."

"너희의 어리석음을 깨고 나를 찾아라.
너희의 악을 모두 불에 태우고 다시 태어나라."

〈주님, 어리석음과 자만심을 벗어날 방법이 무엇입니까?〉

"너희가 할 수 없는 무한한 세상을 깨달아라."

〈주님, 저희를 더 많이 가르치시고 주님을 더 많이 알게 하소서.〉

"나는 너와 내 자녀들에게 앞으로도 많은 말을 할 것이다.
그리고 너와 언제나 함께할 것이다."

"나는 너와 만날 때 기쁨의 순간이다.
너의 어릴 적부터 모든 것을 내가 함께하였다.
나는 너를 가장 잘 알고 있다."

"네가 힘들고 쉬고 싶을 때 언제든 나를 찾아라.
너를 편안케 할 것이다."

"너의 두려움도 모두 맡기어라.
네가 청할 때 언제든 함께할 것이다."

"악이 권력을 쥐고 세상을 지배하려 할 것이다.
악이 더 무성해지기 위함이다."

〈그러면 저희는 어떻게 살아야 합니까?〉

"그러한 것들에 휩쓸리지 마라.
너희의 마음과 눈을 나에게 향해야 한다."

〈지금도 이 세상에서 억울함을 당하는 사람이 많이 있습니다.〉

"너희에게 억울함이 있더라도 내가 갚아줄 것이다."

"악은 권력을 쥐고 지배하려 할 것이다.
 너희가 이것을 잘 볼 줄 알며 견뎌내야 한다.
 그들의 세상이 영원하지 않을 것이다."

31.

진실한 믿음

〈아버지, 저도 이 우주 만물보다 그리고 저 자신보다 더 주님을 사랑합니다. 아버지께 영원한 사랑을 받고 싶습니다.〉

"너는 나의 자녀이다. 한번 자녀는 영원하다."

〈아버지, 구원을 위한 이 일에 더 열심히 동참하게 하시고 저를 이끌어 주십시오.〉

"너의 길은 이미 정해져 있다.
  이 일은 영광스러운 일이며 네가 할 일이다."

〈저에게 이렇게 큰 축복을 주셔서 감사합니다.〉

"너에게 이 세상이 아닌 더 큰 영광을 보이겠다."

〈이미 이것만으로도 너무 과분하며 행복합니다. 그리고 주님을 따르는 이 일은 제가 원하는 일입니다.〉

"이 고통에 빠진 사람들을 보고도
아무렇지도 않은 인간들을 보아라."

"그들이 나의 자녀라 외쳐도 나는 모른다고 할 것이다.
그들에게는 이미 많은 용서와 기회를 주었다."

"그들의 내면에서는 나를 부정하는 것이다.
겉과 속이 다른 사람이다."

"너희가 나를 믿는다고 할 때에는
너희 마음까지 모두 일치하여라.
나는 너희를 '위선자'라고 생각한다."

〈주님을 믿으면서도 삶에서는 그 믿음이나 말과 다르게 살아가는 사람들이 많습니다.〉

"내가 이들에게 경고하는 것이다.
너희의 마음과 일치하여 너희의 길을 선택하여라.
너희는 어디에서든 나를 믿고 있다고 말하지만
너희의 마음은 나에게 주지 않았다."

"나 또한 그들에게는 깊은 사랑을 느끼지 못한다."

"너희 자신을 보아라.
마음으로 나를 믿고 따르는지 물어라.
너희들은 모두 통회가 필요할 것이다.
너희의 길을 진실되게 가야 한다."

〈아버지… 저도 그렇게 살아가고 있습니다. 늘 아버지를 쉽게 잊어버리고 삽니다. 믿는다고 말하면서 저의 행동이 일치하지 못할 때가 많습니다.〉

"나는 너희의 진실된 마음을 본다.
너희의 진실된 행동으로 살아갈 때, 보상을 줄 것이다."

"너희의 말과 마음을 일치하여 나를 찾아야 한다.
그렇지 않을 때 너희는 부끄러움을 당할 것이다."

저녁 9시 30분, 자비의 기도 후

"이 일은 순조롭게 진행될 것이다.
이 글을 읽는 이들이 나를 발견하며 믿음을 키울 것이다.
안심하여라. 이 글은 모두 나의 말이며
쉽게 이해하도록 말한 것이다."

"너는 이 글이 단조롭다고 생각하지만
   나를 잘 모르는 이들에겐 쉬운 지침서이다."

 주님께서는 누구나 이해하기 쉽도록 내게 말씀해 주셨다. 마치 나의 수준에 맞춰서 해주시는 말씀 같았다. 성경책과 다른 책의 성인들에게 하시는 말씀보다 너무 짧고 명료하게 말씀하셔서 좀 더 멋진 표현과 심도 있는 어휘로 말씀해 주시면 좋겠다고 생각 하고 있었다.

"너는 이 모든 글에 확신을 가져야 한다.
   나를 모두 드러낸 나의 말이다."

"너의 가족들에게도 변화가 있지 않느냐?
   이처럼 많은 이들이 다시 나를 알아보고 찾을 것이다."

"네가 나를 찾아줄 때 나의 마음도 위로가 된다."

32.

내가 너희에게 주는 키

23. 09. 04. (월) 오전, 6시 30분

"내 딸아, 일어나라. (아직 잠에서 깨지 않았을 때)
나는 너와 만나는 이 시간을 기다리고 있다.
나에게 더욱 충실하여라.
나를 언제든지 찾고 대화해다오."

"너희는 열과 성의를 다하여 나를 섬겨라.
나는 이 세상의 주인이며 너희를 보호하는 이다."

〈아버지, 아버지를 믿지 않는 사람들은 어떻게 되는 것입니까?〉

"그들이 나를 믿지 않으면 나의 곁에 올 수 없다.
그리고 그 행실대로 받게 될 것이다."

〈주님을 믿지 못하는 곳의 사람들은 어떡합니까?〉

"그들이 선을 알고
나를 마음으로 알아보고 구하는 이들에게는
내가 받아들일 것이다."

〈저처럼 주님을 믿는 이들은 어떻게 해야 합니까?〉

"너희가 나를 믿고 따르는 이라면 나를 자주 잊지 마라.
너희는 나와 함께 살고 있음에 감사하고
늘 자주 만나야 한다."

오후 5시경

〈왜 이때에는 주님께서 모든 것을 밝혀주십니까?〉

"너희가 고통 속에서 나를 보지 못하기 때문이다.
너희의 마음을 닫아 나의 말을 듣지 않기 때문이다."

〈저는 이제 아버지께 회개와 통회를 하고 싶습니다.〉

〈환난 때에는 모두가 고통을 겪는 일인지요?〉

244

"이 환난 때에는 모두 피할 수 없다.
 너희는 모두 시험을 당할 것이다."

"너희는 이때 선과 악을 선택하며 나뉠 것이다.
 이때에는 나도 어찌할 수 없다."

"믿는 너희는 이때 나의 시험임을 알아보아라.
 믿음과 인내로 이겨내야 한다."

"나는 너희에게 모든 걸 알려주려고 대비시키는 것이다.
 이 세상의 것보다 하늘의 것을 취하는 것이
 너희가 사는 길이다.
 너희의 욕심과 자만을 버리고 나에게 의탁하는 이는
 그 길을 찾게 될 것이다."

"이것이 내가 너희에게 주는 키(Key)이다."

"너희의 길은 나에게 묻고 나에게서 찾아야 한다."

〈환난 때에는 고통뿐만 아니라 저희는 시험을 당하는 것입니까?〉

"그렇다. 너희는 모두 이때에 깨어 있어야 한다.
 나를 믿는 이들은 깨어 준비하고 있어야 한다.
 환난 때에 시험인 것도 알아봐야 한다."

〈지금 이 모든 말씀이 주님께서 하신 말씀이 맞으십니까?〉

　"그렇다. 나는 내 모든 걸 너희에게 말해주고 있다."

〈성경 속의 열 처녀의 비유 이야기처럼 등경에 기름을 채우라
는 말씀이십니까?〉

　"그렇다."

〈저희를 시험을 들게 하신다고 하셨는데 왜 이 모든 말씀을 해
주시는 겁니까?〉

　"나의 말을 믿고 실천하는 이는 행복하다."

33.

나의 품 안으로
모두 받아들이겠다

23. 09. 05. (화) 오전, 6시 07분

〈이제 저는 주님의 평화를 누리고 있고 주님을 만나는 시간이
가장 행복함을 알게 되었습니다. 이제부터 영원히 주님과 함께
하길 기도합니다.〉

"나는 너와 영원히 함께일 것이다.
너는 나에게 위로와 사랑을 주는 안식처이다."

〈제가 아버지를 잊지 않게 하소서, 늘 이렇게 주님과 만나며
깨어 있게 하소서.〉

"너와 나는 하나이다.
내 안에서 함께 살게 할 것이다."

〈아버지, 하루하루 이렇게 말씀해 주시는 기적에 감사하나이다.〉

"내 딸아, 이것은 기적이 아닌 나의 경고의 말이다.
 너희가 나의 경고를 무시할 때에는 화를 면치 못할 것이다."

"나는 이 세상에 많은 축복과 은총을 주었다.
 그러나 지금 너희들을 보아라.
 너희들은 나를 찾지 않는다.
 나의 마음은 텅 비어 있다."

"나의 자녀로 살며 자주 찾는 이들에게는
 나의 품 안에서 살게 하겠다."

"나는 지금 회개하며 돌아오는 자식들은
 모두 받아들인다고 말하고 있다."

"나의 큰 자비를, 나의 끝없는 사랑을 믿어라.
 회개하고 다시 태어남을 느끼고 내 안에 평화를 누려라.
 이것이 이 세상에서 누릴 수 있는
 가장 값지고 큰 선물이다."

"나의 자녀들아, 악에 마음을 빼앗기지 않도록 주의하여라.
 악은 곳곳에 무성하게 일어날 것이다."

"이 악들을 피할 수 있는 방법은 내 안에서 함께 사는 것이다.
 너희는 나의 집 안에서, 나의 품 안에서 살아야 한다."

"내 딸아, 너는 나와 하나 되어 살게 되며
 내 모든 것을 누리며 살게 할 것이다."

34.

기도할 때의 마음

23. 09. 06. (수) 오전, 묵주기도 후

굳셈, 평화, 순종을 청하며 이 글이 잘 완수될 수 있도록 기도 드렸다. 이 글로, 믿는 이들과 믿지 않는 사람들이 주님께 다시 돌아올 수 있을지 여쭤보았다.

"내 딸아, 이 글은 나의 자녀들을 다시 부르는 글이다."

〈아버지, 이 글을 어떻게 써야 합니까?〉

"너의 경험의 글로 나의 사랑과 현존을 느끼며
    나의 가르침도 써라.
    나에게서 받은 사랑을 모두 써라.
    그리고 모든 이들이 용기를 갖게 하여라."

〈아버지의 가르침도 앞으로 계속되는 것입니까?〉

"나는 내 모든 것을 알려줄 때까지 계속할 것이다.
    너 또한 나의 가르침을 충실히 받아써야 한다."

〈저는 계속해서 아버지의 가르침을 받고 싶습니다.〉

"너는 나와 함께 많은 것을 보고 배울 것이다."

(이 모든 말씀을 다시 확인할 때)
"지금 나와 네가 대화하고 있다."

....

오후 6시 15분, 자비의 기도 이후

"너는 나의 말에 귀 기울이며 이 글을 완성하여라.
    너에게는 오직 이 일이 중요하다."

〈마음이 굳게 닫혀 주님을 보지 못하는 이들을 위해 저희가 할
수 있는 것이 무엇입니까?〉

"그들을 위한 간절한 기도이다.
    너희는 포기하지 말고 그들의 구원을 기도하여라."

"그들에게 더 많은 사랑을 주어라.
  그 사랑으로 깨닫게 하여라."

"너희가 나에게 청하고 구할 때 힘이 될 것이다."

"내 딸아, 너도 세상을 위해 더 헌신하는 마음을 가져라.
  그들의 구원을 위해 더 기도하여라."

"너희가 할 수 있는 가장 큰 선이다."

"내 딸아, 이 일로 세상을 함께 구원하는 것이 기쁘지 않느냐?
  중요한 일임을 잊지 말아라."

"너의 구원의 글은 세상의 불쌍하고 외로운
  한 명, 한 명을 생각하며 써야 한다.
  그들 각각의 삶과 고통을 볼 줄 알고
  함께 느낄 줄 알아야 한다."

〈네. 제가 고통 속에 있는 사람들을 깊이 헤아리지 못하고 있
었습니다.〉

  "너처럼 나의 사랑을 받는 이들아,
    너희의 자비를 서로 나누어라."

〈아버지 이 말씀을 그대로 적어도 될지요.〉

"그렇다. 이 말은 나의 말이며
네가 깨닫지 못한 말이었다."

"너의 글도 어서 써라.
그 글이 완성될 때 또 다른 시작이 될 것이다.
너의 경험이지만 나와 함께 쓸 것이다.
고통 속에서 나를 불신하는 이들을 위한 글이다."

주님께서 나에게 구원을 위한 기도를 할 때 그들의 고통까지 함께 느끼지 못하고 있음을 지적하셨다. 나의 기도와 글을 쓸 때에도 더 깊이 그들의 고통을 헤아리며 더 간절하고 깊은 사랑을 담을 것을 요구하신 것이다. 그저 형식적인 기도가 아닌 그들의 고통을 느낄 줄 알며 그 순간 그들과 함께하길 원하셨다.

또한 내 주변의 하느님을 믿지 않는 사람들, 불신이 큰 사람들에게 나는 안타까움을 가지고 있었지만 늘 적극적이지 못했다. 결국 나에게 상처가 될까, 괜히 상대방과 사이가 멀어지지 않을까 하는 걱정에 미리 포기했었다.

주님께서 다시 말씀하신다.

"포기하지 말고 그들의 구원을 위해 기도하여라."

"나의 딸아, 무한히 사랑한다. 영원히 사랑한다."

"너는 나와 함께이며 나와 하나이다."

"나의 딸아, 나의 한없는 사랑을 받아다오."

〈저는 이미 너무 과분한 사랑을 받고 있습니다. 주님께 받은 이 사랑보다 더 큰 사랑은 없을 것입니다.〉

35.

굳건한 믿음,
큰 나무로 자라나게 하여라

23. 09. 07. (목) 오전 6시, 묵주기도 후

내가 하는 일이 주님께 헌신함이 아닌 큰 사랑과 가르침을 많이 받고 있음을 깨닫고 감사드렸다.

〈제 마음이 조금씩 성장하고 변화되고 있음을 느낍니다. 주님과 더 일치하여 깊은 사랑을 닮을 수 있도록 청합니다.〉

"나의 가르침을 받아들이고 빛의 자녀가 되어라.
　이보다 더 큰 영광은 없다."

"너희가 나를 따르며 닮아갈 때, 너희는 힘을 얻게 될 것이다.
　굳건한 믿음과 사랑이다."

"이것은 너희에게 어디서든 평화를 줄 것이다.
　너희가 나의 자녀로 나와 함께 사는 것이다."

"굳건한 믿음을 잘 지킨다면
이 세상에서 악에 휩쓸리지 않는다.
너희의 나약함을 버리고 더 강해져야 한다."

"너희의 굳건한 믿음이 이 환난에서 지켜줄 것이다.
너희의 마음은 평화로울 것이다."

〈저도 주님과 늘 함께임을 알게 되면서 두려움이 사라지고 제
안에 힘이 생깁니다.〉

"내 딸아, 너의 마음은 언제나 평화로울 것이다."

"나의 자녀들아, 굳은 믿음을 더욱 성장시켜라.
큰 나무로 자라나게 하여라.
그 굳은 믿음이 너희를 어디서나 보호할 힘이 되어줄 것이다."

오전, 화살기도 중에

〈주님, 저희가 주님께 속한 사람임을 깨닫고 더 성장되길 기도
합니다.〉

"너희 깊은 마음속에 내가 살아 있음을 보아야 한다.
 너희의 마음을 보고 악의 자녀가 아님을 깨달아라."

"너희가 깨닫지 못하고 정신없이 살아가다가
 후회하지 않도록 하여라."

"너희는 이 세상이 시험임을 깨달아라."

"스스로 마음속 선함을 보아라.
 그 마음에서 악이 보인다면 모두 태워버려라."

〈아버지의 사랑과 평화, 기쁨을 모두 누리고 있음에 감사합니다.〉

"너의 그 모든 마음을 담아 세상에 전하여라.
 너는 나의 자녀, 내가 사랑하는 자녀이다."

〈이 글이 온 세상에 전파되게 하소서. 주님께서는 무엇이든 하
실 수 있사오니 저는 믿습니다.〉

"네가 바라는 이것이 내가 원하는 것이다."

36.

나의 상처에 위로를 다오

23. 09. 08. (금)

　나와 주님과의 대화를 매일 엄마와 언니에게만은 전해주고 있다. 집중해서 잘 들어주기도 하고 나에게 질문을 던지기도 한다. 감동도 받고 말씀에 놀라기도, 두려움도 느끼게 되었다. 그러면서 조금씩 변화도 생겨났다.

　엄마는 주님의 사랑을 깨닫고 더 행복해하시면서 주위 모든 사람들을 위해 기도가 절로 나온다고 하셨고 계속 기도와 성경을 읽으시며 생활이 바뀌고 있다. 전혀 성경이나 지식이 없는 언니도 주님께 대한 큰 두려움을 알게 되었다.

　어제저녁(목요일)은 함께 모여 저녁 식사를 하기로 한 날이었고 대화 중에 언니가 나에게 물었다.

　혹시 나의 생각들을 하느님의 말씀으로 착각하며 글을 쓰는 건 아닌지, 혹 그런 거라면 어쩌지? 하는 생각이 문득 들었다고 했다.

　그동안 이 모든 신비한 일들을 의심하지 않고 잘 믿어준 엄마와 언니가 나에겐 너무 다행이었고 어릴 적부터 나에게 종종 예수님 이야기를 들었기에 잘 믿어주고 있다고 생각했다. 그러나 이번 일은 언니에게도 차원이 다른 너무 믿기 힘든 일이고 중요한 일이었다. 언니의 의심이 당연했고 누구나 생각할 수 있을 것이기에 웃으며 넘겼다. 내가 착각 속에 내 생각을 지어낸 글이라면 갑자기 천재가 된 것이라고 말해주었다. 이렇게 매일 각각 다른 주제의 말씀을 나는 도저히 쓸 수도, 생각할 수도 없으며 이런 일에 관심이 있거나 잘 알지 못한 내용이었다.

대부분 매일 주님께서 먼저 말씀해 주셨고 그날 어떤 말씀을 듣게 될지 나도 전혀 예측할 수 없었다. 나는 보통 짧게라도 먼저 기도 후 대화 시간을 가졌고 약 5분에서 30분 정도의 짧은 시간에 말씀은 모두 완성되었다.

식사를 마치고 늦은 시간, 잠깐 산책을 나갔는데 갑자기 서운함이 밀려왔다. 당연한 의심이긴 했지만 지금 나에게 일어나는 일들을 곁에서 보고 있고 나를 가장 잘 알고 있는 가족에게서 들은 말이었다.

가장 가까운 사람에게 이런 의심을 받아보니 세상에 혼자인 듯했고 기분이 축 처짐을 느꼈다. 맥이 다 풀리는 기분이 들었다. '아… 나를 잘 모르는 다른 사람들은 얼마나 더 믿지 못할까?'

앞으로 그런 의심과 시선을 내가 견디고 감당할 수 있을지, 벌써부터 내가 서글퍼졌다. 그런데 한편, 이 일로 나는 주님의 상처와 슬픔, 외로움을 느끼고 깨달을 수 있었다.

이 글을 쓰며 가장 받아들이지 못하고 의심을 많이 한 사람은 직접 말씀을 듣고 있는 바로 '나'이기 때문이다. 주님께서 하시는 말씀을 듣고서도 다시 묻고 또 확인하였다. 이뿐만이 아니라 살아오면서 참 많이 주님을 외면했었고 나를 특별히 사랑해 주시는 것에 감사했지만, 오히려 그 사랑을 부담이라고 느낄 정도였다.

이날 하루는 그런 나의 잘못들을 다시 깨닫게 되었고 그동안에 주님께 잘못했던 모든 죄를 씻어내고 싶어졌다.

내 맘을 가장 잘 아시는 분은 오직 주님뿐이셨다. 그리고 나도 더 굳세게 주님의 편이 되기로 했다. 이 일로 주님과 하나 됨을 느끼며 주님께서 나와 함께하시면 모든 게 다 괜찮다는 생각이 들었다.

....

잠들기 전

"알겠느냐….
이 세상에서 나를 완전히 믿고 따르는 이가 많지 않음을….
나는 늘 버림받고 외면당하였고 멸시받았다.
그 마음이 얼마나 슬프고 상처가 되는지 너도 느끼었다."

"많은 이들, 나를 믿는 이들도 쉽게 나를 저버리고
의심과 시험을 한다.

그때의 나의 마음은 한없이 외롭고 슬프다."

〈저도 아버지를 너무 많이 아프게 하였습니다.
주님의 마음은 얼마나 아프십니까… 어떻게 이 모든 것을 견디
시는 것입니까….〉

"네가 나와 하나 되어 위로를 주는구나.
　나의 마음은 그러한 상처로 가득하다."

"나의 딸아, 너와 나는 서로를 깊이 이해하며 하나 되었다.
　나의 마음을 헤아리며 함께 느끼었다.
　서로 함께 위로가 되어주면 괜찮지 않겠느냐."

"너의 위로가 나에게 기쁨이 되었다.
　너도 나에게서 위로를 받고 힘을 내어라."

오전 6시 50분, 묵주기도 후

〈아버지께 이 일에 집중할 수 있도록 청하였고 모두 아버지 뜻
대로 글이 완성되길 기도하였다.〉

"내 딸아, 너는 지금 나에게 많은 것을 배우고 있는 중이다.
 나의 마음까지 모두 보이고 있다."

"네가 어제 느낀 그 서운함을 나도 느끼는 것이다."

"나는 이 세상의 수많은 이들에게 고통을 받고 있다.
 나를 알면서도 나에게 비난과 모욕을 주며 거짓이라 말한다."

"그럼에도 나는 다시 나의 자녀들에게
 하소연을 하며 부르고 있다.
 이러한 나의 마음이 어떤지 아느냐…."

"그러나 나는 그들을 미워하지 않는다."

"나의 아픈 마음을 알아다오.
 나의 상처에 위로를 다오."

〈저도 주님을 너무 많이 아프게 하였습니다. 지금도 늘 죄를
짓고 있는 부족한 딸입니다.〉

"나의 마음을 너도 느낄 수 있었다.
 나와 네가 함께이다.
 너에게는 내가 있지 않느냐."

37.

온 세상 구원을 위한
나의 마지막 말

23. 09. 09. (토) 잠들기 전에

"너의 글이 온 세상 구원을 위한 나의 마지막 말이다."

"내 딸아, 때가 다 다가왔다.
그리하여 이 일은 급한 일이며 빠르게 완수할 일이다."

"세상의 멸망을 볼 것이다.
그렇게 하여 너희를 믿게 하기 위함이다."

"너희가 본 적도, 들은 적도 없는 것을 너에게 보일 것이며
새로운 세상을 볼 것이다."

"나의 딸아, 마음을 단단히 하고 준비하여라.
너는 나와 함께 고통을 볼 것이다."

"나의 딸아. 너에게 큰 슬픔을 보이겠다.
그러나 나는 너와 함께이다.

우리가 같이 겪으며 하나 되는 일이다."

"나의 딸아 네가 감당하기 힘들지라도
나와 함께함을 잊지 말아라."

(잠들기 전에 하신 말씀이셨다. 이 두려운 말씀이 모두 무슨 의미로 하시
는 말씀인지, 어떻게 나에게 보이신다는 것인지 전혀 알 수 없었다)

⋯⋯⋯⋯⋯⋯⋯⋯⋯⋯⋯⋯⋯⋯⋯⋯⋯⋯⋯⋯⋯⋯⋯⋯⋯⋯⋯⋯⋯⋯⋯

오전 5시 50분, 기도 후

"나의 딸아 이 일은 모두 내가 하고 있다."

"나는 분명하고 틀림없는 하느님이다.
나의 세상이 올 것이다.
이 세상이 아닌 하늘의 세상이다."

"너희는 모두 이곳에 속하기 위해 노력해야 한다.
그때가 가까이 왔다."

〈저에게 말씀하신 것을 다른 사람들도 알고 있습니까?〉

"나의 말은 너에게 하고 있다."

〈저에게 주님의 재림, 멸망, 새로운 세상을 보여주시는 것입니까?〉

"그렇다. 앞으로 다가올 일들이다.
　너는 나와 함께 고통을 봐야 한다."

〈아버지, 제가 성경에 나오는 예언자 같은 사람입니까?〉

"내 딸아, 너는 새로운 세상을 선포하는 이며,
　구원을 하는 자다."

('구원을 하는 자', 나에게도 솔직히 놀라운 이 말씀은, 이 글을 쓰는 일이 주님의 말씀과 주님의 구원을 세상에 선포하는 일이기 때문이다. 이 글은 주님께서 주시는 기회를 받아들이고 깨어 구원을 받으라는 확실한 메시지를 담고 있다. 앞으로 다가올 환난과 고통, 시험을 대비하라는 경고만이 아닌, 환난 때에 우리에게 필요한 것, 즉 구원의 비밀을 숨김없이 밝혀주신 글이다. 당신의 자녀들에게 품 안에서 보호하시며 피난처가 되어주신다고 미리 약속해 주신 깊은 사랑의 말씀이다. 또한 주님을 알리는 일, 주님의 말씀을 선포하는 사람은 이 세상에서 다른 이들의 구원을 위해 일하는 주님의 일꾼이며 '구원을 하는 자'라고 말씀하신 것이다. 솔직히 이 말씀을 빼고 싶었지만, 주님의 말씀을 삭제할 수 없어 그대로 적는다)

"이 일은 나와 함께하는 일이며 너에게 큰 영광의 일이다.
　이 세상이 아닌 다른 세상을 준비하도록 하기 위함이다."

〈어떻게 이런 큰일을 저에게 시키십니까?〉

(이 글을 알리는 일로 나의 사명이 끝이 아니라 또 다른 계획이 있으신 것에 나도 놀라워하였다)

"큰일이 아닌 영광스러운 일이다.
 나와 함께하기 때문이다."

"내 딸아, 너는 이 일을 잘 이해해야 한다.
 너는 예언자가 아닌 내 말을 세상에 선포하는 것이다.
 네가 보게 될 것과 느끼는 것을 쓰라는 것이다."

〈아버지, 그 일은 얼마든지 하겠습니다.〉

"이 세상에서 너의 형제들에게 하는 가장 값진 일이다.
 너는 나에 속한 사람이다.
 네가 약해지고 의심을 품지 않도록 조심하여라.
 나에게 묻고 함께임을 잊지 마라."

"너는 나의 사명을 받은 이다.
 한 사람의 구원도 값진 것이다.
 그러나 이 세상을 구원하는 일이다."

"앞으로 네가 볼 많은 것들이 곧 일어날 재앙이며
 그로 인한 멸망이다."

"내 딸아, 마음의 준비를 하여라.
 너는 나와 함께 고통을 보는 것이다."

"너는 나의 모든 은총을 받은 이며 너보다 더 큰 이는 없다."

(주님의 이 말씀은 내가 이 세상에서 '높은 지위를 가진 사람'이라는 뜻으로 하신 말씀이 아니시다. 주님과 친교를 나누고 주님의 사랑과 은총을 받고 있는 자녀이기에 하신 말씀이시다. 주님께서는 이 세상의 모든 사람을 높은 사람, 낮은 사람이 아닌, 모두 당신의 자녀로 바라보신다. 이 세상에서 가장 낮은 사람, 죄인이라 할지라도 주님을 알아보고 믿음이 강하며 주님의 자녀로 따르는 사람에게 해주신 주님의 사랑의 표현이시다. 이미 이 세상에서 주님의 자녀로 평화와 은총을 받고 살아가는 모든 사람들은 주님께서 특별히 생각하시고 보호해 주심을 말씀하신 것이다. 즉, 주님께 속한 자녀, 이미 하늘나라에 속한 자녀에게 하신 말씀이셨다)

〈제가 이 일을 기뻐해야 할지요…. 저의 마음은 너무 무겁기만 합니다.〉

"그렇다.
 이 일은 세상에서 가장 슬프고 고통스러운 일이다."

"너와 나는 함께 위로할 수 있다.
 아무것도 걱정하지 마라."

〈주님께 이 모든 말씀을 다시 확인하였다.〉

"너와 나의 단둘만의 대화이며 이곳에 악은 없다."

"네가 보는 것과 나의 말을 잘 기록하여라."

〈아버지, 이 모든 일들이 주님의 뜻대로 이루어지길 바랍니다.〉

"내가 너와 함께 있음을 잊지 마라."

....

밤 11시 30분, 잠들기 전

"너희는 모두 두려움을 가져야 한다."

"나의 진노가 무섭지 않느냐."

"지금 웃는 너희들도 나에게 매달리며 두려움에 떨 것이다.
그때가 가까웠음을 나는 다시 말한다."

38.

의심으로
너희의 눈은 가려진다

23. 09. 10. (일) 오전 6시, 기도 후

아버지께서 저희에게 해주시는 모든 말씀에 감사드리며 이제
는 이 일이 두렵지 않다고 기도드렸다.

〈매 순간 아버지와 함께임을 잊지 않게 하소서.〉

"너의 모든 말은 다 듣고 있다.
  너는 언제든지 나와 대화할 수 있다.
  너에게 있는 평화와 행복도 나에게서 받은 것이다."

"나의 딸아, 너의 마음이 단단해져서 나도 흐뭇하다.
  두려움과 의심과 걱정들을 벗으면
  나를 더 잘 알게 되고 만나게 되는 것이다."

"너희와 내가 가까울 수 없는 것은 너희의 의심이다."

"의심을 모두 벗어라.

　나에 대한 의심으로 너희의 눈은 가려진다.

　그로 인해 나를 믿지 못하는 어리석음을 깨달아라."

"나는 너희에게 이 모든 것들을 내어주고 베푸는 하느님이다."

"너희 마음의 의심들을 모두 지우도록 노력하여라.

　앞으로 나의 모든 말들이 참임을 알게 될 것이다.

　나의 모든 말은 그대로 이루어지리라."

"너희가 나를 보고서 믿을 때에는 가슴을 칠 것이다.

　너희 자신을 용서하기 힘들 것이다.

　나에 대한 의심이 가장 어리석은 일이기 때문이다."

"너희는 모든 것의 본질을 찾고 볼 줄 알아라.

　깊이 보지 못할 때 너희는 아무것도 느끼고 볼 수 없다."

"모든 것에 내가 있음을 발견하여라.

　나는 이 세상을 만든 이이며 모두 나에게서 나왔다.

　너희의 마음을 무디게 하지 마라."

"너희의 의심을 온전히 걷어낼 때, 나를 만나는 것이다."

〈저도 많은 의심을 했습니다. 이제야 주님을 더 잘 알게 되었습니다….〉

"내가 없다고 생각하는 때가 곧 올 것이다.
 모든 의심을 버리고 나와 함께 있어라."

〈저희에게 의심은 왜 있는 것입니까?〉

"악과 자만심으로 오는 것이다."

"나의 딸아, 너도 내가 너에게 준 사랑을 의심하지 말아라.
 너를 선택하고 기른 이는 나다.
 늘 너와 함께였고 나의 모든 것을 보이는 이도 너이다.
 그렇게 너와 나는 가까운 것이다."

오전 11시경, 묵주기도 후

"나의 사랑하는 딸아, 아무것도 걱정 없게 하리라.
 그 누구도 너에게 욕되게 할 수 없을 것이다.
 그것은 나에게 하는 것이며 그들은 곧 깨닫게 될 것이다."

"나의 딸아, 너의 글을 받아들이는 자, 생명을 얻을 것이다.
 이 글은 영원한 생명을 받는 구원의 말이다."

"나의 이 말들을 믿지 못하거든

내가 선택한 이가 아님을 알아라."

〈이 일을 같이할 사람들도 이 말씀을 의심 없이 모두 받아들이
고 믿어주길 기도합니다.〉

"나는 분명히 말한다.
　나의 선택을 받은 자가 이 일을 하게 될 것이며
　나는 그에게도 너와 같은 상을 내릴 것이다."

"너에게는 나의 특혜가 가장 클 것이며
　너보다 더 나은 이가 없을 것이다."

밤 11시 45분, 잠들기 전

〈온 세상의 주님, 자녀들을 구원해 주시고 악에 빠지지 않도록
지켜주소서. 강한 믿음으로 의심이 들지 않게 하소서.〉

"나의 딸아, 이 고통과 환난 속에서 너희에게 오는 시험은
　이러한 고통을 외면하는 것이다.
　너희가 나를 믿는다면 악에 빠지지 않을 것이다."

"너희의 모든 집착과 욕심을 버리고 나를 따라야 한다.

너희의 고통의 순간에도 나에게 묻고 함께한다면
나는 너희를 안전하게 지킬 것이다."

"너희는 이 세상에 무성하게 일어나는 악을 보아라.
관심을 가져라.
고통받는 이들의 소리와 울부짖음을 들어라."

"빛은 사라지고 어둠의 세상이 올 것이다.
그 어둠에서 너희에게 나의 빛으로 인도함이 없다면
너희는 길을 잃을 것이다."

"너희 마음에 빛을 밝히고 깨어 있어야 한다.
너희를 지켜줄 부모(하느님)가 없다면
이 환난을 피할 수 없다."

39.

슬픔을 함께 나누어라

23. 09. 11. (월) 오전 5시 30분, 기도 후

〈저를 주님의 종으로 써주십시오. 이 일을 함께하고 있음에 감사드립니다.〉

"나의 딸아, 이미 나의 일은 이루어졌다.
너와 함께 이 일을 하고 있지 않으냐?"

"이 글은 세상에 알리는 일이며, 나의 말이다.
가벼이 여기지 않도록 주의하여라."

"이 글은 모든 곳으로 퍼져야 한다.
모든 민족에게 퍼져야 한다.
세상에 빠르게 전파되도록 노력해야 한다."

〈저도 이 일을 중요히 여기며 현실적으로 더 고민하고 적극적인 일꾼이 되도록 하겠습니다. 주님의 계획대로 모두 이루어지소서.〉

"이제 모든 글을 어서 완성하여라.
  모두 이루어지도록 너의 노력이 더 필요하다.
  더 매진하고 나의 말에 더 귀 기울여라."

나에게 부족한 것들을 청하였다. 진실한 마음, 선, 이기적인 마음이 들지 않도록 기도드렸다.

"너희가 나를 자주 만나게 될 때
  너희 마음도 나를 닮을 것이다.
  너희에게 악한 마음이 있더라도
  나에게 배우고 실천을 통해 변화될 것이다.
  악을 분별하고 더 마음을 단련하여라."

"너희의 목적이 나를 찾는 것이고 천상에 보물을 쌓아야 한다."

"내가 너희 안에 살고 있음을 늘 의식하여라.
  너희는 모두 혼자가 아니다."

"너희가 나를 의심하지 않고 닮기 위해 노력한다면
  너희에게 힘을 줄 것이다."

"나의 딸아, 이 세상 모든 이들을 불쌍히 여겨라.
  너희는 나를 잘 알지만 다른 이들은

나의 사랑과 평화를 모른다.
이 세상에서 얻는 평화는 영원하지 않으며
너희를 지켜줄 수 없다."

"너의 글은 너의 마음을 모두 담아
불쌍한 이들에게 전하는 글이어야 한다."

"나를 알리는 것에 너의 목적을 두어라.
내가 내어준 것처럼, 너도 다른 이들에게 모두 내어주어라."

"너는 나에게 받을 것들을 이미 다 받지 않았느냐.
너에게 부족함은 없으니 다른 이들에게 모두 나누어라."

"다시 한번 말한다.
너는 나의 말을, 나의 구원을 선포하는 자다."

밤 9시

이틀 전, 모로코에서 지진으로 2천 명이 넘게 사망하였고, 사망자가 더 있을 것이라는 뉴스를 보았다. 그 사람들의 마음을 잘 헤아리지 못하고 이런 뉴스에도 무덤덤하게 받아들이고 있는 나를 위해서 주님께 용서를 청하였다.

"나의 딸아, 그들을 모두 불쌍히 여겨라.
 그들의 슬픔을 함께 나누어라."

"너희가 그들의 슬픔을 나눌 때
 너희는 나에게 위로를 받을 것이다."

"너희가 그들을 보고도 아무렇지 않고
 불쌍한 마음도 들지 않으면,
 나도 너희에게 똑같이 할 것이다."

"너희는 열과 성의를 다하여 나를 섬겨야 한다.
 나를 닮아야 한다."

"나 또한 너희가 불쌍한 처지에 있을 때
 모른다고 할 것이다."

40.

악

23. 09. 12. (화) 오전, 묵주기도 후

"글 쓰는 일에 계속 매진하여라."

"악은 여러 곳에서 생겨난다.
 그 악은 모두 사람에게서 나온다."

"너희가 가장 경계할 것은 악의 사람이다.
 악이 지배하는 사람이다.
 그들은 악에 지배를 당하며 그 모든 것을 당연하게 여긴다."

"너희들의 마음도 깊이 살펴보아라."

"그들을 경계하며 조심하여라.
 그들은 어둡고 간교하여 너희들의 탐욕을 이용할 것이다.
 그런 이들의 종이 되어버린 사람들이 너무 많다."

"너희들은 그들과 친할수록 나에게는 원망만 하며

나를 없다고 할 것이다."

"그렇게 악의 종이 된 사람들은
다른 이들에게 자신의 세력을 확장하려 한다.
힘을 과시하려 한다.
그들은 목소리를 더욱 크게 낼 것이며
합당한 것처럼 더 높일 것이다."

"그들의 자랑에 넘어가지 마라.
너희가 나를 믿는다면 그들을 구별할 줄 알아야 한다."

"내가 그들을 그리 둔다고 하더라도 걱정하지 마라.
그들은 큰 파멸을 받을 것이다.
그들의 죗값은 영원할 것이다."

"악이 많이 번지겠지만 나는 그들을 모두 태워버리겠다."

"나를 알며 너희 마음이 굳건하다면
그들이 모두 악의 자녀임을 알아야 한다."

"그들을 불쌍히 여겨라.
그들의 죄가 크기 때문이다.
그들에게는 나의 자비가 없을 것이다."

〈그들에게 주님의 구원은 허락되지 않습니까?〉

"그들의 죗값은 그들 스스로가 땅에서 해결해야 한다.
그들의 죄는 이곳 세상에서 모두 씻어야 한다.
그것은 그들의 마음에 달려 있다."

오후 4시, 자비의 기도 후

〈주님, 저의 악을 모두 없게 하소서. 악을 구별할 수 있게 하시고 주님의 선과 아름다움만 제 안에 항상 머물게 하소서.〉

"너는 나에게 착한 딸이다.
그 무엇보다도 너의 마음이 아름답다.
행복하고 욕심 없는 마음을 잘 지켜라."

〈주님을 믿는 많은 사람이 왜 주님께 더 가까이 다가가지 못하는 것입니까?〉

"내가 가까이 살아 있음을 믿지 못하는 것이다.
그들은 내가 그들을 지켜줄 수 있다는 것을 모른다.
나를 더 찾거나 나에게 요청하지 않는다."

"내 딸아, 그들을 위해 더 노력하여 내 사랑을 알게 하여라.

이 세상에서 악의 방해와 유혹도 많지만
그들의 믿음이 부족한 것이다."

"이제 너희의 마음을 굳건히 하여 너희의 길을 선택하여라.
그 길은 영원하다."

41.

환난 때의 기도

23. 09. 13. (수) 오전 5시 50분, 묵주기도 후

〈주님 하루하루 감사히 살아가게 하소서. 제가 죄를 짓지 않게 하시고 주님의 기쁨 안에서 이 일을 잘 완수하게 하소서.〉

주님과 함께 살고 있고 매일 주님의 사랑을 받으며 이 중요한 일을 하고 있지만, 나의 마음은 계속 무겁기만 했다. 내 마음이 계속 행복하고 기뻐하지 못해 주님께 죄송한 마음이 들기도 했다. 그리고 이 글을 언제, 어떻게 전 세계에 알릴 수 있을지 걱정과 심란한 마음이었다.

〈주님, 어디에 계십니까? 저에 곁에 계신가요?〉

"지금도 너의 곁에 함께 있다.
이 일은 신속하게 이루어질 것이다. 나를 믿어라."

"이 세상은 환난이 왔다.
너희는 계속 슬픔과 고통을 보게 될 것이다.
이때에 너희는 기쁘고 행복할 수만은 없다."

"그래도 나와 함께 감사히 하루를 살아라.
이 세상 모든 것과 하루는 내가 너희에게 준 선물이다."

"세상이 슬플지라도
너희 마음은 사랑과 평화가 있도록 하여라.
세상이 혼란해도
고요한 마음속에서 나를 찾아라."

"이 세상이 안타깝고 슬프더라도
너희는 굳세지고 힘을 잃지 마라.
죄의식을 갖고 살 필요는 없다.
하루하루 깊이 감사하며 살아라."

"나의 딸아, 너에게 말한다.
이 일은 내가 하고 있다. 그리고 모두 이루어졌다.
이 세상으로 나의 말이 나왔기 때문이다.
그러니 모두 이루어진 것처럼 믿고 행동하여라.
나의 능력을 걱정할 필요는 없다.
이 일은 나에게도 중요한 일이다."

(주님께서는 "모두 이루어졌다."라고 나에게 말씀하셨다. 이 모든 일에는 주님의 계획이 있으신 것과 앞으로 일어날 모든 걸 미리 보시고 말씀하신 것 같다)

"앞으로 이러한 재앙은 무성해진다.
난민들도 많이 늘어난다.
곳곳에 평화는 깨질 것이다."

"이 불쌍한 세상을 위해 기도하여라.
이 불쌍한 사람들이 나를 떠나지 않도록 기도하여라.
나의 진노가 크지 않게 기도하여라.
너희가 받는 이 평화에 감사기도 드려라."

....

23. 09. 13. (수) 점심시간

"나의 딸아, 너에게는 이 일이 보이지 않겠지만
곧 모두 드러날 일이다.
많은 이들이 이 글을 읽고 나를 알아보게 될 것이고
나의 말임을 믿게 될 것이다.
그때에 너보다 더 영광스러운 자가 없을 것이다."

"이 일은 세상 그 어느 것보다 중요한 일이다.

나의 말대로 모두 이룰 것이다."

"너에게 지어진 부담을 내리고 나와 함께함을 기뻐하여라.
  이 순간의 행복과 소중함을 알며
  모든 것을 그대로 받아들여라.
  이미 너와 나는 함께이지 않느냐."

"앞으로 너희는 장담하지 말아라.
  이 세상은 너희가 바라는 대로 쉽게 이룰 수 없을 것이다."

"너희는 내 앞에서 겸손하여라.
  그러한 마음이 너희를 지킬 것이다.
  이 세상과 다른 사람들에게도 겸손해져라.
  말과 행동 모두 조심하도록 노력하여라.
  부끄럽지 않을 것이다."

"앞으로의 세상은 그 누구도 장담할 수 없을 것이다.
  너희는 겸손하게 이 모든 것들을 받아들여라."

〈아버지 이 말씀들이 무슨 뜻인지요?〉

"너희가 쌓은 세상의 모든 것들이
  한순간에 무너질 수 있다."

42.

마지막 말씀

23. 09. 15. (금) 오전 5시 30분, 자비의 기도 후

어떤 어려움과 고통이 있더라도 주님을 따르겠다고 이 일을 잘
완수할 수 있도록 기도로 청하였다.

"나의 딸아, 네가 이 일에 결심과 의지를 보여주고
이겨내려 하니 나도 위안을 얻는다."

"그렇게 계속 마음의 결심을 하고 단단해져라.
이 세상의 악을 너희가 스스로 이겨야 한다.
너희는 악보다 더 강해져야 한다."

"너의 궁금함은 언제든 물어봐도 좋다.
너와 나는 비밀이 없는 사이이다.
나는 너에게 모든 것을 말하였다."

"나의 딸아, 나의 말은 모두 하였다.

이 글은 나의 지침서이다.”

“너희는 나의 말과 함께 살아야 한다.
 너희가 지금이 중요한 시험대임을 알아라.
 나는 이때 너희에게 내 모습을 감출 것이다.”

“악의 세력이 더 힘이 있고
 정의롭다 목소리를 크게 할 것이다.
 그 분별을 너희 스스로 해야 하며
 마음속 깊이 나를 찾고 의지하여라.”

“나는 이 세상의 주인이다. 그러나 모두 벌하겠다.
 나의 진노는 계속될 것이다.
 이 모두 나임을 알아야 한다.
 그러나 나에게서 도망가지 마라.
 이 세상이 영원하지 않기 때문이다.”

“너희 모두를 깊이 사랑하고 있다.
 나의 마음도 고통이다.
 그러나 이 일들은 모두 이루어진다.”

“너희가 깨어 준비하고 나를 만나야 한다.
 그 길 이외에는 없고 나와 함께하는 길만이
 구원을 받을 것이다.”

"나의 딸아, 나는 너에게 큰 자격을 줄 것이다.
 내가 이미 너와 마지막 때의 일을 하고 있지 않느냐."

〈아버지 이것으로 주님의 말씀은 모두 끝입니까?〉

"그렇다."

〈아버지께서 저에게 더 보여주신다는 것은 무엇입니까?〉

"나의 딸아, 그 일은 너에게만 보일 것이다."

〈이 일은 세상 사람이 알면 안 되는 것입니까?〉

"그러하다."

〈저에게는 그 일들을 왜 보여주시는 겁니까?〉

"그 일로 너를 증명할 것이다.
 이 말들이 나임을 증명하는 것이다."

"나는 너를 계속 만날 것이니 걱정하지 말아라."

〈아버지, 글이 거의 완성된 것입니까?〉

"그렇다. 너의 글과 함께 써라."

〈아버지, 앞으로도 이 일에 대해 계속 도와주시는 것이지요?〉

"그렇다. 나를 믿어라."

〈저희에게 더 내리실 말씀은 없으십니까?〉

"이 정도면 되었다.
　이제 너희의 선택에 달린 일이다."

"나의 딸아, 이 글이 끝났다고 두려워 마라.
　너는 나와 새로운 일을 함께 하게 될 것이다.
　너는 나를 더 자주 만나야 한다."

"내가 앞으로 너에게 보일 일은 너만 알아야 한다.
　그러나 너를 증명해 줄 일이 있을 때,
　그것으로 할 수 있을 것이다."

"다시 한번 말한다.
　나는 너의 보호자이며 함께하고 있다.
　네가 두려울 것은 없다.
　나의 자녀처럼 당당해져라."

〈저의 경험 글과 주님 말씀을 받아 적은 것을 같이 책으로 만드는 겁니까?〉

　　"그렇다. 앞부분에 너에게 베푼 내 사랑을
　　　뒷부분에 내 말을 실어라."

〈이 일이 빨리 될 수 있습니까?〉

　　"나는 최대한 이 일을 서두를 것이다.
　　　너의 글도 어서 완성하여라."

〈아버지의 말씀을 직접 받아 적는 이가 되어 너무나 큰 영광이었습니다.〉

　　"나의 딸아, 이제 너를 세상에 내보낼 것이다.
　　　늘 나와 함께 있을 것이다.
　　　그 일이 새로운 너의 일이다."

〈세상의 고통, 주님의 고통을 왜 저에게만 보여주시는 겁니까?〉

　　"너와 함께 이 일을 하기 위해서이다."

〈아버지께 그동안 많은 말씀을 받고 저희를 알게 하심에 감사
드립니다. 그동안 많이 순종하지 못하고 많은 의심을 하였고
주님의 마음을 아프게 한 죄를 지었습니다. 모두 용서를 청합
니다. 아버지의 힘을 믿으며, 아버지의 뜻대로 이루어짐을 믿
나이다. 아버지의 일을 함께 할 수 있도록 저를 부르시옵소서.
저도 주님께 모두 내어드리고 싶습니다.〉

〈아버지께 일에 관하여 물어도 됩니까? 아니면 기다려야 하는
것입니까?〉

"나는 모든 일에 네가 알아볼 수 있게 할 것이다.
너는 나를 만나는 이가 아니냐,
그러니 아무 걱정하지 말아라.
나는 전 세계에 알릴 것이다."

"나의 딸아 앞으로 너는 나를 더욱 알게 될 것이다.
나는 너에게 내 모든 것을 보일 것이다.
나를 더 열심히 찾아야 한다."

"나에 대하여 그리고 앞으로의 일들을 너에게 보일 것이다.
그 누구도 너를 부인하지 못할 것이다.

나는 이 일을 무척 서두르고 있다."

"앞으로 빠르게 일을 진행할 것이다."

The last of My words

PART 3

주님께서
알려주신 권고

01

주님의 무한한 자비

• 주님께서 베푸신 선물

"나의 딸아, 내가 베푼 선물을 이제야 알아보는구나."

(주님과 나의 대화 중에)

주님께서 제게 하신 말씀입니다. 저는 제 삶 안에서 주님의 사랑을 많이 느끼고 있었고 그래서 주님을 다른 누구보다 조금은 더 알고 있다고 생각하며 살아왔습니다. 그러나 주님의 말씀을 들으면서 하느님과 예수님에 대해 그동안 얼마나 모르고 살았는지 이제야 알게 되었습니다. 주님의 무한한 자비, 주님의 고통, 주님께서 저희에게 내린 축복과 평화… 이 모든 주님의 사랑을 너무나 깨닫지 못한 채 살았습니다.

이 세상은 하느님께서 주신 선물이었습니다. 우주 만물과 모든 생명은 주님의 것입니다. 이 세상의 주인이신 주님께서 우리를 직접 돌보시며 함께 살고 있는 것입니다. 우리 가족, 형제, 자녀, 이 세상 속에서 함께 만나는 많은 사람들과 친구들도 모두 주님의 선물입니다. 그 사람들 안에서 우리는 기쁨과 사랑, 행복, 위로를 받으며 살아갑니다. 우리가 매일 느끼는 행복, 기쁨, 평화, 그리고 나를 성장시키는 시련, 역경, 위로도 모두 주님으로부터 받은 것입니다. 이렇게 많은 것들을 주님께 받았지만 아무것도 느끼지 못하며 살아가고 있습니다.

이 세상에서 받은 많은 축복과 은총을 모두 우리 자신의 노력과 결실이라고 생각합니다. 물론 더 치열하게 노력하고 많은 것을 견디고 더 뛰어난 아이디어를 생각하고 힘들게 얻어낸 것도 분명 중요하며 노력으로 이루어 낸 것입니다. 그러나 그 전에 이룰 수 있는 모든 상황과 배경, 기회, 그 과정을 이겨낼 힘과 용기, 행운, 놀라운 기적도 모두 주님께로부터 온 것입니다.

저 또한 저의 삶은 제가 결정하고 이룬 것으로 생각했고 저에게 주어진 모든 것들을 당연하게 여겼습니다. 많은 사람에게 받아온 사랑과 지금의 행복도 제가 받을만한 사람이라고 생각하며 살았던 것이지요. 그러나 이 모든 생각은 저의 자만심과 악에서 온 한심스러운 착각이었습니다. 제가 주님의 말씀을 들으면서 가장 크게 놀라웠던 것은 바로 하느님의 크신 사랑과 자비였습니다. 제가 느낀 주님의 사랑은 설명할 수도 없고, 표현하기도 불가능할 것입니다.

주님의 사랑은 도저히 끝을 알 수 없을 정도였으며 인간의 사랑과 자비와는 차원이 다른 한계가 없는 사랑임을 느꼈습니다.

우리가 얼마나 주님께 큰 사랑을 받고 축복 속에서 살아가는지 먼저 깨달아야 합니다. 우리는 결코 혼자서 살아온 것이 아닌 주님 안에서 보호와 사랑을 받으며 자랐습니다.

지금의 세상은 너무나 주님을 알아보지 못합니다. 우리가 살아가는 데에 주님의 도움과 힘이 필요 없다고 생각합니다.

제가 느낀 주님의 외로운 짝사랑은 고통스럽고 슬픈 일이었습니다. 하느님께서는 우리들이 당신의 사랑과 자비를 깨닫고 그 안에서 즐겁게 살아가기를 바라십니다. 이 세상의 주인이신 분의 말씀을 듣고 따르는 길은 나약한 우리에게도 가장 안전하며 평화로운 길이 될 것입니다.

우리가 지금껏 받은 사랑을 깨닫는 것, 그리고 받은 사랑을 다시 다른 이들에게 내어주는 것은 주님께서 우리에게 가장 바라시는 것이며 참 깨달음입니다. 저도 주님과의 대화를 통해 이제서야 주님의 큰 사랑을 깨달았습니다. 지금까지 알아보지 못했고 감사할 줄 몰랐습니다. 이 모든 것을 다 어떻게 갚을 수 있을까요?

- **예수님의 십자가**

하느님께서는 친아들이신 예수님을 이 세상에 보내시어 당신의 사랑을 우리에게 모두 드러내셨습니다. 하느님께서는 자신보다도 더 아끼고 사랑하는 아들을 우리 구원을 위한 희생제물로 삼으신 것입니다.

예수님께서 십자가에 돌아가신 일은 인류의 모든 죄를 사해주시기 위함이었고 우리 인간의 죄에 대한 희생제물이며 보속이었습니다. 예수님을 믿는 이들에게는 죄를 용서하시고 구원에 이룰 수 있도록 하신 놀라운 사랑입니다. 우리가 사랑하는 아들 예수님을 닮아 당신의 자녀로 다시 태어나게 하기 위한 하느님의 구원계획이셨습니다. 하느님의 아들이신 예수님을 알아보고 의탁하며 따른다면 우리를 완전한 자녀로 받아들이시며 영원한 구원을 주시기 위함입니다.

그렇게 하느님께서는 가장 아끼는 아들을 이 세상에 보내셨고 빛과 어둠을 알게 하셨습니다.

예수님께서는 그 큰 뜻을 아시기에 참기 힘든 모든 고통을 알면서도 우리 인간의 구원을 위해 순명하신 것입니다.

모든 고통과 수난을 이기시고 기꺼이 우리를 위해 죽음으로 희생하셨고 다시 부활하심으로써 영원한 생명과 하늘나라가 있음을 증명하시고 보여주셨습니다. 그렇게 예수님께서는 우리를 가르치기 위해 오셨고 우리 구원을 위해 돌아가셨으며 영광스러운 부활로 영원한 생명을 우리에게 증명하셨습니다.

이 모든 것은 하느님을 알아보지 못하고 믿지 못하는 이 세상 사람들을 위해서였습니다. 또한 예수님께서는 우리가 천국에 들기 위해서는 이 세상의 모든 것을 견디고 이겨내야 함을 알게 하셨습니다. 악의 비난과 조롱과 고통, 그리고 이 세상은 아무것도 아님을 가르치신 것입니다. 하늘의 나라는 이 세상과 비교할 수 없는 곳이며 영원히 사는 곳이기 때문입니다.

하느님께서도 당신의 아들 예수님과 함께 모든 수난과 모욕, 상처를 받고 아파하고 계십니다. 아들의 고통과 모욕을 어떻게 아버지께서 아파하지 않으시겠습니까?

하느님께서는 아들 예수님과 하나이십니다. 아들 예수님께서는 가장 영광스럽고 크신 분이시지만 이 세상은 아들이신 예수님마저 알아보지 못하고 있습니다. 예수님께서는 하느님의 모든 권능과 영광을 받으신 분이시며 마지막 재림 때에는 모든 이들을 심판하기 위해 다시 오실 것입니다.

우리가 하느님의 사랑받는 자녀로 다시 태어나기 위해서는 예수님의 죽음과 부활을 믿어야 하며 예수님의 가르침을 받아들이고 닮아가기 위해 노력하는 것입니다. 하느님께서는 우리를 계속해서 부르시고 기다리십니다. 우리가 주님의 자녀로 돌아온다면 죄를 용서하시며 한없는 사랑을 베풀어 주실 것입니다. 또한 영원한 새 생명을 얻게 될 것입니다.

- 주님의 고통

주님께서는 이 세상의 모든 자녀를 너무도 사랑하십니다. 우리의 아버지이신 주님께서는 자녀들의 모든 고통을 외면하지 못하며 함께 마음 아파하십니다. 고통 속에 있는 사람, 죄를 짓는 사람, 절망적인 사람, 차별과 학대를 받는 힘이 없는 사람들이 받는 모든 고통을 함께 짊어지시며 그들의 울부짖음을 모두 듣고 계십니다.

주님께서는 우리에게 그들은 먼 이웃이 아닌 형제나 가족과 같다고 말씀하십니다. 고통받는 사람들의 마음을 깊이 느끼고 작은 것이라도 나누고 위로하라고 가르치십니다. 이렇듯 주님께서는 고통받는 이들과 항상 함께이십니다.

주님께서 받는 고통은 이뿐만이 아닙니다. 하느님과 예수님께서는 우리가 작은 죄를 짓는 것보다 믿지 못하는 불신으로 더 큰 상처와 고통을 받으십니다. 우리의 주인이시며 사랑으로 모든 것을 내어주시지만, 자녀인 우리는 주님을 알아보지 못하고 외면하기 때문입니다.

"내가 주는 사랑을 받고도 나를 알아봐 주는 이가 많지 않다."

(주님과 나의 대화 중에)

하느님의 슬픔과 안타까움의 말씀이셨습니다.

우리는 하느님, 예수님을 알고 있지만 현 세상에 빠져 외면한 채 살아갑니다. 많은 사람들이 보이지 않는 하느님을 믿지 못하는 것은 이제 당연한 일로 생각하는 것 같습니다. 하느님은 존재하지 않는다며 장담하거나 오직 자신과 이 세상에서 보이는 것 예를 들면, 권력과 물질적인 돈을 믿고 살아갑니다. 또한, 안타깝게도 이 세상의 많은 사람들은 주님을 알아보지 못하는 것이 죄가 된다는 것을 모르고 있습니다.

　"너희의 자만심을 버려라. 너희가 이 세상을 혼자 산 것이 아니다."

　"너희가 나에게서 돌아설 때 구원을 받을 수 없다.
　너희가 혼자 살겠다고 떠나는 것이다."

　"너희가 나의 선물을 받지 않을 때 지옥을 가는 것이다."

(주님과 나의 대화 중에)

　하느님께서는 우리가 자만심과 악으로 인해 주님을 알면서도 외면하며 떠나는 것이라고 말씀하십니다. 그리고 그 행실대로 벌이 준비되어 있다고 경고하십니다. 주님을 조롱하거나 존재하지 않는다고 장담하는 사람들은 이 말씀을 가벼이 여겨서는 안 될 것입니다.

　제가 주님의 말씀을 듣고 이 글을 쓰면서 주님을 증거하는 일이 얼마나 힘들고 어려운 일인지 새삼 알게 되었습니다. 주님께서 받으신 상처와 고통을 저도 조금씩 느끼고 있기 때문입니다. 주님을 믿고 따르는 사람들조차 하느님의 말씀을 듣는다고 하면 곧바로 의심의 눈으로 저를 봅니다. 자신에게 한 번도 일어나지 않았던 일, 경험하지 못한 신비한 체험은 절대 믿지 못하며 거짓으로 단정해 버립니다. 그래서 이 세상에서 주님의 사랑과 현존하심을 알리는 일은 비난받고 상처받을 것을 감수해야 할 일입니다. 하필 저는 너무나 평범한 사람입니다. 그래서 더욱 의심이 들고 이 글과 저란 사람을 믿지 못할 것임을 압니다. 하지만 주님의 말씀을 듣는 것, 성령의 신비한 체험, 기도의 응답이 모두 믿지 못할 일이 되어서는 안 됩니다. 하느님과 예수님께서는 성령을 통하여 늘 우리와 함께 살고 계십니다. 보이지 않고 느끼지 못한다고, 자신에게 성령의 경험이 없다고 믿지 않는다면, 성경의 많은 기적과 주님의 말씀을 믿지 못하는 것과도 같습니다.

주님께서 받는 고통은 주님을 외면하는 것이고 그것은 곧 우리 자녀들의 믿지 못하는 마음입니다. 의심, 비난, 모욕… 이 모든 아픔과 상처를 주님께서도 저희와 같이 그대로 느끼십니다.

주님의 심장은 따뜻하지 않습니다. 너무나 차갑고 시린 가슴으로 그 고통을 견디고 계십니다. 주님께서 지금 내 곁에 함께 살아 계심을 믿으시고 찾으십시오. 언제든 당신의 이름을 부를 수도 있고 성령으로 모든 죄를 깨닫게 하실 수 있습니다.

당신을 완전한 자녀로 변화시키실 것입니다.

02

믿음

그리스도 신자들은 누구나 주님을 믿고 따른다고 고백합니다. 매주 미사에 빠지지 않으며 다른 사람들에게 사랑을 실천합니다. 기도하며 교회에 봉사까지 하고 있다면 주님을 깊이 따르는 자녀일 것입니다.

이렇게만이라도 하면 믿음이 큰 걸까요?

이번에는 믿음의 중요성에 대해 말씀드리고 싶습니다. 주님께서 우리에게 원하시는 것이 바로 '믿음'과 '사랑'이기 때문입니다. 주님께서는 저희에게 먼저, 우리에게 진실한 마음으로 믿고 있는지 묻고 계십니다. 우리 마음속에 주님을 모시며 살고 있는지 깊이 사랑하고 믿고 따르는지 묻는 것입니다. 진실한 믿음이 아닌 약한 믿음은 주님을 안다고 말할 수 없을 것입니다.

하느님께서는 우리의 믿음에서 말과 행동이 다르다면 온전한 자녀로 인정하지 않으십니다. 오히려 그런 사람에게는 '위선자'라고 강하게 말씀하고 계십니다.

우리는 이 세상에서 조금만 힘들어지거나, 고통스러운 일이 닥칠 때, 또는 우리의 간절한 청원의 기도를 들어주지 않으실 때,

주님께서 힘이 없다고 생각하거나 도움을 주지 않는다고 생각합니다. 우리 인간은 나약하여 내 곁에 계시지 않는다고 단념하고는 다시 세상으로 되돌아갑니다.

저도 성령으로 주님의 현존하심과 진리를 깨달았고 다른 사람들보다 더 많은 성령의 체험과 사랑도 받았지만 쉽게 잊어버리고 외면하였습니다. 믿음을 저버리고 이 세상에 보이는 것, 과학과 물질적인 것에 더 많이 의존하며 살아왔습니다. 그렇게 삶 속에서 너무나 쉽게 외면해 버리는 것입니다.

보이지 않는 하느님을 믿고 의지하며 따르는 일은 무척 어려운 일임을 인정하지 않을 수 없습니다. 믿음의 뿌리가 약하다면 악마의 작은 유혹에도 한순간에 쉽게 무너져 내릴 수 있습니다. 이 세상에서 악은 얼마든지 우리 마음에 자만과 의심을 심고 자라나게 합니다.

어느 누구도 악의 유혹을 이겨낼 수 있다고 장담하지 마십시오. 자신도 모르게 악은 숨어서 우리의 마음을 조정합니다.

그렇다면, 우리는 어떻게 믿음을 키워야 할까요?

첫 번째, 아이처럼 순수하게 믿는 것입니다.

아이들이 부모의 말을 모두 믿고 의지하는 것처럼 우리의 창조주이시며 길러주시는 아버지임을 깨닫고 순수하게 믿는 것입니다. 성경 속의 예수님께서 가르치셨던 말씀과 기적들을 의심 없이 모두 믿고 따르는 것입니다. 세상의 주인이신 주님께서 우리의 보호자이시며 어떤 위험과 고통에서도 보호할 수 있는 하느님이심을 믿는 것입니다. 또한 우리가 기도로 고백하는 사도신경을 믿는 것입니다. 이 세상이 전부가 아니며, 환난과 시험, 예수님의 재림, 최후의 심판, 영원한 삶이 있음을 믿는 것입니다. 그리고 이 세상에서 우리가 행한 행실 그대로 죄의 대가가 따른다는 것을 믿어야 합니다.

주님께서도 "하늘나라는 이 어린이들과 같은 사람들의 것이다."(마태 19,14 참조)라고 말씀하셨습니다. 어린아이처럼 순수한 마음으로 믿을 때 주님을 더 깊이 알고 사랑할 수 있습니다.

두 번째, 우리의 마음을 깊이 성찰하는 것입니다.

우리가 주님의 자녀라고 말하고 하느님 나라에 부끄럽지 않은 자녀가 되기 위해서는 적어도 우리 삶 안에 선(빛)과 악(어둠)은 분별해야 합니다. 우리 마음에 선과 악을 구별한다면 악의 종이 되지 않을 것입니다. 자신을 과시하는 일, 편견과 차별, 이 세상의 욕심, 의심, 질투, 무시, 분노, 두려움… 우리는 너무도 쉽게 죄를 짓고 이 모든 것들을 당연하게 여기며 살아갑니다. 그렇기에 우리는 스스로 나약함을 인정하며 깊이 성찰하고 마음 안에서 주님을 찾아야 합니다.

하느님께서는 자신을 성찰하며 예수님의 마음을 닮도록 계속 노력하라 요구하십니다. 그리고 자신의 마음에서 자만심과 악을 깨달았다면 그 잘못들에 대한 통회가 반드시 필요합니다. 깨어 있는 사람만이 주님을 볼 수 있습니다.

"악은 얼마든지 너희 마음에 의심과 자만을 심을 것이다."

"더 깊이 나를 찾아라."

(주님과 나의 대화 중에)

세 번째, 주님을 자주 찾고 만날 때 그 믿음은 더 성장하고 뿌리가 깊어집니다.

주님께서 가장 사랑하시는 자녀는 주님을 자주 찾고 만나는 자녀입니다. 비록 잘못을 하고 악에 흔들렸다 하더라도 자비의 하느님께서는 용서하시고 끝없이 사랑해 주시는 분이십니다. 주님께서는 자주 찾고 자신을 의탁하는 자녀들을 더 성장시키고 악에 흔들리지 않게 이끌어 주십니다. 그렇게 굳센 믿음은 주님의 도움 안에서 자라며 단련되는 것입니다.

우리가 굳건한 믿음으로 성장하기 위해서는 주님께 더 기대야 합니다. 주님의 보호와 굳센 믿음을 기도로 청하십시오. 주님을 닮고 악에 흔들리지 않는 자녀로 성장될 수 있도록 계속해서 도움을 요청해야 합니다.

우리가 주님을 자주 찾지 않을 때, 두려움과 유혹과 나약함을 보게 되는 것이며, 반대로 자주 찾는다면 이 모든 것은 쉽게 해결될 것입니다. 또한 주님께 청원의 기도나 의무감으로 만나는 것이 아닌 사랑으로 만나고 찾는다면 더욱 가까운 사이가 될 수 있습니다. 주님께서는 우리의 마음을 보시기에 사랑으로 찾는 자녀에게 아낌없이 자신을 표현해 주실 것입니다. 즉 가족과 매일 만나듯, 부모님께 안부를 묻듯이, 가장 친한 친구에게 자신의 고민을 털어놓듯이 친밀한 사이가 되어야 합니다. 그렇게 주님과 가까운 사이가 된다면 그 믿음은 더 성장하고 뿌리가 깊어져 쉽게 흔들리지 않게 됩니다.

우리의 믿음이 결국 우리를 지켜주는 힘입니다. 믿음을 강하게 길러 자신을 악에서 보호하십시오. 믿음은 나의 의지와 주님의 도움으로 계속해서 키워가는 것입니다.

자신의 믿음이 큰 나무로 성장한다면 세상에 쉽게 흔들리지 않을 것이며 무엇도 두렵지 않을 것입니다. 믿음은 주님을 더 깊이 알수록 단단해지는 것이며 그 믿음이 깊어질수록 우리의 마음도 점점 평화롭게 달라짐을 느끼게 될 것입니다.

03

주님의 평화

주님께서는 우리가 사는 세상을 창조하신 분으로서 온 세상과 인류에 평화를 내리십니다. 그러나 저도 지금까지 누리던 평화와 행복이 어디에서 오는 것인 줄 깨닫지 못한 채 살아왔습니다. 이 세상, 우주 만물이 하느님으로부터 창조되었고 저희에게 주신 선물임을 알았지만, 내가 받고 있는 평화에 대해서는 깊이 생각해 본 적이 없었습니다. 안타깝게도 주님의 평화를 누리며 살지 못했습니다. 제 마음의 평화와 행복을 이 세상 안에서만 찾으려 했던 것입니다. 안정된 삶, 세상에서 누리는 것들, 세상의 즐거움, 가족, 건강, 돈. 이렇게 세상 안에서 더 많은 것을 추구하는 것이 행복과 평화를 얻는 것이라고 생각했습니다. 그렇게 제 마음을 깊이 보지도, 느끼지도 못했고 감사할 줄도 몰랐습니다. 세상의 평화가 곧 나의 평화였습니다. 이 세상에 맞춰 내 평화가 결정되었던 것입니다.

주님의 말씀을 듣고 글을 쓰게 되면서부터 주님께서 저에게 약속해 주신 것이 있습니다. 악으로부터의 보호와 평화였습니다.

주님께서는 저에게 "너의 마음은 평화로울 것이다.", "너는 그 누구보다 평화와 자비를 받고 있다."라고 자주 말씀해 주셨고 그 말씀과 함께 세상의 평화와는 다른 주님의 참평화를 점점 깨닫게 해주셨습니다. 이후부터 저의 마음에 주님의 평화가 가득함을 느끼게 되었고 큰 은총의 선물임을 알게 되었습니다. 주님을 깊이 알아가면서, 더 가까워지고 친밀함을 느낄수록 제 마음의 평화도 더 커져갔습니다. 그리고 그 평화는 나약한 저에게 큰 힘과 위안이 되어주었습니다.

주님의 평화는 주님의 빛에 잠겨 한없는 자애를 입는 것입니다. 하느님께서 인정하시는 자녀들에게 베푸시는 또 하나의 큰 선물입니다. 주님의 평화는 이 세상에서 누리던 평화와는 분명 다릅니다. 이 세상의 어떠한 것과도 바꿀 수 없는 것임을 알게 되었으니까요. 저의 이 말을 믿지 못할 수도 있지만 직접 주님의 참평화를 느껴보신다면, 모두 저와 같은 생각을 하게 될 것입니다.

주님의 평화는 이 세상의 가장 큰 행운과 명예와도 바꿀 수 없습니다. 돈으로도 따질 수 없습니다. 주님의 평화를 받는 것은 이미 주님 안에서 보호받는 자녀가 된 것이며 숨겨진 가장 값진 보물을 발견한 사람과 같습니다. 더 이상 두려울 것도, 욕심나는 것도, 큰 슬픔도 없습니다. 주님을 위해서는 모든 것을 버릴 수 있고, 가난해도 행복하며, 다른 사람에게 용서와 자비를 베풀어 줄 수 있게 됩니다. 누군가와 비교하지도 않으며 세상에서 아쉬울 것이 없게 됩니다. 무엇보다 주님의 평화로움은 어떠한 고통도 이겨낼 수 있으며 악의 유혹에도 흔들리지 않습니다.

주님의 평화는 세상에서 얻는 평화가 아니라 주님으로부터 온 평화입니다. 그러기에 주님의 평화를 받는다면, 세상의 평화가 사라지더라도 무엇도 두려울 게 없을 것입니다. 주님의 평화 안에 산다면, 다가올 환난의 두려움에서도 지켜줄 것이며 그 안에서도 행복과 기쁨을 누릴 수 있는 것입니다. 곧, 자신의 처지가 힘들어도, 아픈 곳이 있어도, 고통의 순간에서도, 외로운 상황이라도 주님의 평화는 모든 것을 견디며 행복하게 받아들일 수 있도록 힘을 주십니다.

주님께서는 이 세상에 많은 축복과 자비를 내리셨지만, 앞으로 다가올 환난 때에는 주님께서 모습을 감추신다고 우리에게 경고하십니다. 주님께서 모습을 감추실 때는 악의 세력이 더욱 커지는 것을 의미합니다. 빛과 평화의 세상에서 암흑과 공포의 세상이 되는 것입니다. 우리는 그제야 주님께서 세상에 베푸신 평화와 축복을 깨달을지도 모르겠습니다.

주님의 평화를 받으십시오. 주님께 받는 평화가 큰 위로와 안식처가 되어줄 것입니다.

참평화는 주님과 함께 사는 것, 주님 안에 머무는 것입니다. 주님을 더 깊이 사랑하고 닮아가야 합니다. 자신을 비우고 주님을 따라야 합니다. 이 세상에서 가진 것을 모두 처분하여서라도 주님의 평화를 얻으십시오. 환난 때에 흔들리지 않게 지켜주는 우리의 무기이며 보호막이 되어줄 것입니다.

주님의 평화를 기도로 구하고 간절히 청하십시오.

세상의 모든 사람이 주님의 평화를 받도록 기도하십시오.

끝없는 평화가 자신의 마음 안에서 샘처럼 솟아날 것입니다.

예수님께서 말씀하셨던 구원의 약속, 즉 천국을 미리 경험하는 것이기도 합니다.

"내가 주지 않은 행복은 오래가지 못한다."
"내 사랑과 평화를 받는다면 이미 이 세상 속에서
나를 찾은 것이다."
"나의 평화로움은 어떠한 고통도 이길 수 있다."

(주님과 나의 대화 중에)

04

기도

주님께서 저와 대화 중에 말씀해 주신 '기도'에 관한 내용 중 일부입니다.

"너희의 기도는 너희의 양식이다.
 너희가 기도로 나를 만나고 청할 때,
 나는 그들에게 내 양식을 주는 것이다."

"기도는 너희들이 나를 찾는 것이다.
 나에게 목적과 의무가 아닌 나를 기쁨과 사랑으로 찾아라.
 다른 사람들의 구원과 사랑을 전하기 위해 나를 찾아라.
 나는 그들의 기도를 결코 헛되이 하지 않을 것이다."

"너희가 나를 발견하지 못하더라도
 나는 너희의 기도를 모두 듣고 있으며
 너희의 기도 중에 나를 만나고 있는 것이다."

"기도의 힘을 길러라. 그것은 진실된 기도.

너희 믿음에 따라 다르다.
나도 나의 사랑하는 자녀들의 기도를 더 기뻐하지 않겠느냐?
너희들을 위한 것이 아닌 다른 사람들의 구원의 기도를
더 기뻐하지 않겠느냐?
나는 그런 자녀들의 기도를 들어줄 뿐만 아니라
그들에게 더 많은 축복을 내릴 것이다."

"많은 사람이 나에게 기도하고 있지만
그들에게서 깊은 사랑을 느끼지 못하면
나도 그들의 기도에 응답하지 않는다."

"남을 위한 기도에서도 그들의 고통을
함께 나누어 주려는 노력과 기도가 필요한 것이다."

"나의 딸아, 기도의 힘은 크다.
기도의 힘이 너희 눈에는 보이지 않지만
나는 모두 들어줄 수 있는 하느님이다.
그러나 너희의 믿음과 사랑이 없는 기도는
너희에게도 나에게도 도움이 되지 않을 것이다.
온 세상을 위해, 온 인류를 위해 기도하여라."

"그들이 흘린 피, 많은 이들이 너희 곁에서 죽고 있지 않느냐.
그들을 위해 깊은 슬픔과 애도는 해줘야 마땅하다.
너희와 상관없는 자들이 아닌 너희의 가까운 이웃이며

너희가 한 행실 그대로 너희는 영원히 벌을 받을 것이다."

(23. 12. 31. 주님과 나의 대화 중에)

기도는 우리가 주님 안에서 머무르며 함께 대화 나눌 수 있는 만남입니다. 주님과 성모님께 드릴 수 있는 사랑 표현이며 잠시 편히 기댈 수 있고 위안을 얻는 시간입니다. 때로는 잘못한 일에 대하여 뉘우치는 반성의 시간이 될 수도 있을 것입니다. 주님께서는 기도 중 우리의 진실된 마음을 보십니다. 주님께서는 내게 필요한 것이 무엇인지, 내게 부족함이 무엇인지 우리 마음속 생각들을 훤히 알고 계십니다.

대부분의 많은 사람은 이 세상을 살아가는 데에 필요한 도움을 기도로 청합니다. 이 세상의 행복, 건강, 합격, 취업. 여러 가지 각자의 소망을 간절하게 매일 기도합니다.

그런데 이런 기도에 주님께서 모두 다 응답해 주실까요?

주님께서는 우리에게 이 세상의 것보다 더 영원한 하늘나라에 보화를 쌓기를 원하십니다. 우리가 언젠가 떠날 세상보다 영원한 세상에서 행복하게 살기를 바라시기 때문입니다. 그러기에 주님께서는 당신의 자녀들이 하늘나라를 알아보고 영원한 삶을 청하길 바라십니다.

주님께 드리는 기도는 이 세상의 욕심을 채우기 위함보다 순수한 마음으로 주님을 만나고 주님을 닮는 자녀로 성장되길 기도해야 합니다. 주님의 자녀로 부끄러운 사람이 되지 않길 기도해야 합니다.

이미 주님의 평화를 받고 걱정 없이 살아가는 우리는, 주님께 받은 사랑과 자비를 세상과 나눌 수 있어야 합니다.

전쟁과 기후로 난민이 된 고통받고 있는 형제들을 위해 기도로 힘이 되어줄 수 있습니다. 주님의 따뜻한 사랑을 잘 모르며, 마음의 평화를 누리지 못하는 사람들을 위해 기도로 평화를 나누어줄 수 있습니다. 하느님을 알아보지 못하고 믿지 않는 사람들을 위해 하느님의 부르심을 받도록 기도로 청할 수 있습니다. 하느님을 믿고 있지만 그 믿음이 약한 사람들을 위해 주님의 성령이 함께하도록 기도할 수 있습니다.

주님께서는 우리가 자신의 마음을 닮기를 원하십니다. 또한 사랑의 기도와 고통받는 이들의 구원을 위한 기도를 기다리고 계십니다. 그런 불쌍한 영혼을 위한 기도에 주님께서는 자신의 마음과 사랑을 더욱 표현해 주실 것입니다.

마지막으로 기도를 청할 때 더 큰 믿음과 확신이 필요합니다.

저 또한 주님께서 저의 기도를 모두 들어주신다고 믿는 것은 무척 힘든 일입니다. 그러나 하느님께서는 당신의 자녀들의 진실한 기도는 모두 들어주십니다. 의심 없이 기도할 때 기도에 힘이 생길 것입니다. 우리가 주님께 강한 믿음과 사랑이 없이 기도한다면, 주님께서도 그 자녀에게 기도의 응답을 할 필요가 없을 것입니다. 이미 그 사람에게는 주님께서 기도를 들어주신다는 믿음이 없기 때문입니다. 그래서 기도에는 굳건한 믿음과 신뢰가 뒷받침되어야 합니다.

구원의 기도와 평화의 기도를 드릴 때, 주님께서 기뻐하시며 그 청을 들어주신다고 확신하며 기도하십시오. 이러한 기도는 주님께도 큰 힘이 되는 기도입니다.

다른 사람들을 위한 구원의 기도는 우리가 베풀 수 있는 가장 큰 선(善)입니다. 하느님을 알아보지 못하고 믿지 못한 사람들을 위한 기도는 주님의 구원 사업에 동참하는 일이며, 하느님의 일꾼이 되어 함께 일하고 있는 사람일 것입니다.

지금은 우리 형제, 고통받는 이웃을 위해 우리의 기도가 필요할 때입니다. 우리의 평화와 자비를 기도로 나누십시오. 이 기도와 청은 틀림없이 이루어질 것입니다. 분명 큰 열매를 맺어줄 것입니다.

위 기도에 관한 하느님의 말씀에 따라 기도하시기 바라며, 하느님께서 주신 양식을 받으시길 빕니다.

05.

회개

회개는 어떻게 하는 것일까요? 회개는 주님을 믿고 있는 우리에게 꼭 필요한 것일까요? 그렇습니다. 회개는 우리의 구원을 위한 선택이 아닌 필수입니다.

주님의 자녀가 되는 것이며, 천국으로 가는 키를 사용하는 것입니다. 회개는 우리 자신을 주님께 온전히 내맡기고 따르는 것입니다. 내 뜻대로가 아닌 주님께서 이끄시는 길로 주님의 자녀와 도구로 따르겠다는 약속을 하는 것입니다. 우리의 자만과 세상의 욕심에서 벗어나는 것이며 우리의 삶의 방향을 바꿔 하느님에게로 다시 되돌리는 길입니다. 교회를 다니고 주님을 믿고 따르더라도 온전히 나를 내맡기며 주님께서 원하시는 삶으로 방향을 바꾸지 않았다면, 아직 회개를 경험하지 못한 것입니다.

회개는 주님께서 베푸시는 자비와 은총의 선물이며, 성령께서 함께하십니다.

주님의 성령으로 자신의 죄를 뉘우치게 되고, 주님께서 나의 주인이시며, 나의 아버지라는 것을 확실하게 깨닫게 됩니다. 완전한 깨달음으로 나를 내려놓을 수 있게 되고 주님을 따르게 됩니다. 또한 성령의 도움으로 우리 삶을 용서받으며 다시 깨끗한 아이처럼 태어날 수 있는 것입니다. 우리의 진정한 회개를 통해 주님께서 죄를 씻어주시고 용서해 주시고 다시 힘을 주실 때 모든 죄와 악에서 벗어날 수 있습니다.

저도 앞서 회개의 경험을 이야기했지만 고백성사를 하기 위해 성당을 찾았고 고백성사를 보기 바로 전, 주님의 말씀을 듣기 전까지도 저에게는 고백할 죄가 없다고 생각하고 있었습니다. 약간의 잘못과 실수는 인간 누구에게나 있는 일이고 특별히 큰 죄를 고백할 만한 일이 떠오르지 않았습니다. 그랬던 제가 성령의 한 말씀으로 깨닫게 된 순간, 저의 잘못과 악을 비로소 볼 수 있었습니다. 너무나 부끄럽고 어리석은 죄인이었습니다. 고개를 들을 수도 없었습니다. 제가 이렇게 회개할 수 있었던 것은 주님께서 저에게 먼저 다가와 주셨기에 가능했습니다. 저뿐만이 아닌 우리는 이미 이 세상과 악에 가리어 우리에게 어떠한 죄가 있는지 모두 깨닫지 못합니다. 또한 성령의 도움 없이는 우리 자신의 죄를 모두 알아내지 못하며 분별하기란 쉽지 않습니다.

악은 우리의 죄를 합당한 것으로 포장하면서 계속 키워 우리 스스로 주님에게서 멀어지게 합니다. 또한 나약한 우리가 주님보다 힘이 더 강한 것으로 착각하게 만들며 그래서 주님을 찾지 않게 합니다. 가장 어리석은 사람은 주님을 보지 못하며 자신을 과시하는 것입니다. 악은 우리가 깨닫지 못하도록 교묘히 접근

하고 키워가기에 우리 스스로 알아보지 못합니다. 주님을 믿고 따르는 사람들에게도 예외가 되지 않습니다.

회개하고 주님께 돌아오는 자녀들에게는 주님의 모습을 닮게 하시고 성령 안에서 보호해 주십니다. 어떤 큰 잘못과 죄가 있더라도 회개하며 돌아오는 자녀들을 외면하지 않으십니다.

그래서 회개는 주님께서 우리에게 베푸시는 가장 큰 자비의 선물일 것입니다. 또한, 회개로 나를 버리고 주님을 따르는 것이 결코 두려운 것이 아니며 주님의 막강한 힘을 받게 되는 것입니다. 우리의 무거운 짐을 벗는 것이며 주님께 의지하며 함께 살아가는 것입니다.

저의 체험으로는 양쪽 어깨에 큰 날개가 새로 생긴 듯이 온몸이 날아갈 듯 가벼워짐을 느꼈습니다. 나 자신은 몰랐지만 죄에 억눌려 있었나 봅니다. 그때의 편안하고 가벼워진 기분과 따뜻한 위로를 지금도 잊을 수가 없습니다.

지금 우리에게 가장 중요한 것은 바로 회개입니다.

자만심과 어리석음을 깨고 주님을 찾아 되돌아가는 것입니다. 성령을 받아 자신의 모든 죄를 깨닫고 자녀가 되길 기도로 청해야 합니다. 주님과 함께이길, 완전한 자녀로 받아주시길 청하십시오. 그리고 회개로 변화되십시오.

이 짧은 세상보다 영원한 하늘나라에 뜻을 두십시오.

회개는 이 세상에서 이미 주님의 자녀가 된 것입니다. 천국으로 가는 키를 받은 것과도 같은 것입니다. 깨끗한 새 옷으로 갈아입었기 때문입니다. 그 자녀에게는 아버지께서 늘 지켜주시고 평화를 주십니다. 곧 구원의 길입니다.

> "내가 진실로 너희에게 말한다.
> 너희가 회개하여 어린이처럼 되지 않으면,
> 결코 하늘나라에 들어가지 못한다."
>
> (마태 18,3 참조)

주님께서는 지금도 이 글을 통하여 자식들을 찾고 부르십니다. 진정한 회개로 주님의 부르심에 응답하시길 바랍니다.

다음 글은 주님께서 제게 '회개'에 대하여 알려주신 말씀입니다.

"회개는 나에게 다시 오는 길이다.
너희를 내게 내맡기고 나를 따르는 것이다.
자만과 세상의 욕심에서 벗어나
하늘의 나라를 따르겠다는 나와의 약속이다."

"회개란 너희 삶을 통회하고
다시 깨끗한 아이처럼 태어나는 것이다."

"구원을 위해 나는 너희를 회개시키고 악을 없애는 것이다.

회개는 나의 자녀가 되기 위한 길이다."

"너희가 나에게 회개하고 돌아오면 나는 그들에게
나를 닮게 하고 내 성령 안에서 보호할 것이다."

"너희에게는 회개가 무거운 짐을 벗는 것이다.
두려운 것이 아닌 나의 힘을 받게 될 것이다."

"회개하고 너희 잘못과 죄악을 끊어라.
깨끗해진 자만이 나를 만날 수 있다."

"회개는 나의 자비와 은총이다.
누구나 회개 없이 내게 올 수 없다."

(23. 12. 31. 주님과 나의 대화 중에)

06.

삼위일체

하느님께서 저에게 말씀해 주신 대화의 내용입니다. 하느님과 아들이신 예수님, 성령께서 하나이심을 즉, '삼위일체'에 대한 말씀이십니다.

〈저와 말씀하시는 분, 하느님께서는 어떤 분이십니까?〉

"이 세상의 주인이며
　모든 사람의 생명의 주인이신 하느님이다."

"나는 너희에게 빛을 주려 한다.
　이 세상에 악에서 너희를 보호하려고 한다.
　너희는 나를 무시하며 힘이 없다고 여기지만
　나는 나의 자녀들을 몇 번이고 용서하는 자비의 하느님이다."

"너희가 나를 따르고 자녀가 될 때
　나는 너희를 변화시키고 나를 닮게 한다."

"어떤 위험과 고통에서도 보호할 수 있는 하느님이다."

(23. 12. 22. 주님과 나의 대화 중에)

〈하느님과 예수님께서는 같으신 분이신지요.〉

"그는 나의 사랑하는 아들이다.
  나보다 더 사랑하는 나의 아들이다."

"내 아들에게 나의 모든 권능과 영광을 주었고
  모든 이들을 심판할 것이다."

"그는 곧 나이며 우린 하나이다.
  나에게서 나왔고 나의 모든 영을 받았다."

"나의 모습을 그대로 닮은 나의 아들이다."

"나의 딸아, 분명히 말한다.
  나의 자녀들은 나와 같이 닮게 하여
  나의 자녀로 태어날 것이다.
  새 생명을 얻을 것이다."

(23. 12. 23. 주님과 나의 대화 중에)

〈아버지, 성령은 무엇입니까?〉

"나의 생각을 너희에게 내리는 것이다.

나의 생각을 너희에게 깨닫게 하여 나를 알게 한다."

〈성령은 누가 받는 것입니까?〉

"성령은 나의 은총이다.
누구도 나의 허락 없이는 가능하지 않다."

〈이 책을 읽으며 누구나 성령을 느낄 수 있습니까?〉

"그렇지 않다.
이 글을 받아들이지 않고 믿지 못할 사람도 많이 있다.
나의 성령이 전달되지 않기에 그들은 깊이 보지 못한다.
의심이 그들을 막을 것이다."

(24. 01. 12. 주님과 나의 대화 중에)

〈아버지, 성령을 받기 위해 어떻게 해야 합니까?〉

"구하고 찾고 두드려라.
너희는 너희의 모든 것을 다 바꿔서라도 성령을 찾아야 한다.
성령은 곧 나이다. 나를 너희 안에 함께 살게 하는 것이다.
성령을 받기 위해 너희는 너희의 마음을 살피고 나를 받아
들일 준비가 되어 있는지, 너희 마음이 고요하고 평화로운
지 보아라."

"악에 차 있거나 욕심과 자만이 있을 때에는 나를 만나지
못할 것이다. 나는 가난한 이, 나를 찾는 이에게 나를 보일
것이며 나를 얻는 자는 이 세상에 가장 큰 보물을 찾은 것
이다."

〈아버지, 저희에게 성령은 있다가도 사라지는 것입니까?〉

"나를 알고 나의 성령을 받았다고 할지라도
너희 마음에서 나를 키우지 못하면,
나도 너희에게 나를 알리지 않는다.
그러니 너희는 기도로, 마음에 평화로, 대화로
나를 찾아야 한다."

"나를 구하고 찾고 의탁하는 마음이 있어야,
너희는 굳게 자라날 것이다.
나는 너의 이 글로 성령과 함께 천국을 열어 보이는 것이다.
마지막 때에 나의 자녀를 지키고 보호한다고 하였다.
이때에는 나의 성령을 받아들이는 자가 승리하는 자이며
모든 것을 가진 이다."

(24. 01. 24. 주님과 나의 대화 중에)

07.

당부의 말씀

〈책의 제목은 아버지께서 알려주십시오.〉

"마지막 나의 말이다."

"이 이후에는 너희가 나를 찾지 못할 것이기 때문이며
마지막에 쉽게 한 나의 말이다."

(23. 12. 05. 주님과 나의 대화 중에)

〈하느님의 나라는 어떠한 곳입니까?〉

"하늘의 세상은 악이 없는 새로운 세상이다.
너희 모두를 초대하지만 들어오는 사람은 적을 것이다.
나는 그곳으로 오는 이들에게 평화와 기쁨을 주며
영원히 살게 할 것이다.
그곳은 두려움도, 싸움도, 죽음도 없으며
오직 빛과 행복과 기쁨으로 살게 될 것이다."

"너희들이 이곳에서 한 잘못은 그대로 영원히 벌할 것이다.
 지금 주는 기회는 너희에게 큰 은총을 내린 것이다.
 새로운 세상은 이곳과 비교할 수 없는 곳이다."

"나의 딸아, 천국은 나를 닮고 자신을 내게 의탁해야 한다.
 겸손히 나를 따라야 한다.
 나와 너의 형제를 알아보고 선을 실천한다면
 나는 받아들일 것이다."

(23. 12. 26. 주님과 나의 대화 중에)

〈주님께 마지막 당부의 말씀을 청합니다.〉

"세상에서 나의 빛을 감출 때
 너희는 두려움으로 힘을 잃게 될 것이다.
 그래도 나의 자녀라면
 이 세상에서 희망과 행복을 나눌 수 있어야 한다."

"너의 마음은 사랑의 불길로 뜨겁게 하여라.
 나의 빛을 받고 사는 데 힘을 잃지 말아라."

"언제나 아버지인 나에게 청하고 함께한다면
 무엇도 어렵지 않고 쉽게 해결할 것이다."

"기뻐하며 감사하여라.

내 생명 안에 들어왔고 영원한 집에 안전하게 머물리라."

(24. 01. 09. 주님과 나의 대화 중에)

〈주님, 지금 저희에게 필요한 것은 무엇입니까?〉

"너희에게 필요한 것은 바로 나이다.
나를 모르고 나를 떠난 이들은 두려움이 클 것이다.
그러나 나의 자녀들은 나의 뜻을 알기에
안심하고 살아갈 수 있고
나 또한 보호할 것이다."

〈저희에게 가장 급하고 중요한 것은 무엇입니까?〉

"가장 급하고 중요한 것은 회개이다.
악을 끊고 다시 태어나 나를 닮는 것이다.
새로운 세상으로 가기 위해 너희가 바뀌어야 한다."

"너희 마음에서 깊이 나를 찾아라.
아버지임을 믿어라.
자비의 하느님을 믿어라."

(24. 01. 02. 주님과 나의 대화 중에)

· 맺음말 ·

　2023년은 저에게 너무나도 잊지 못할 한 해였습니다. 갑작스러운 주님의 큰 은총과 선물을 받았고 참행복과 평화를 발견했기 때문입니다. 불안과 힘든 점도 있었지만 주님과 함께하는 일은 기쁨과 놀라움의 연속이었고 무엇도 부러울 게 없게 만들었습니다. 매일 주님을 더 깊이 알아가고 따뜻한 사랑을 받는 것이 얼마나 큰 행복인지 알게 되었고, 하루하루 알려주신 말씀은 가장 값진 선물을 받는 것 같았습니다. 주님과 함께 글을 쓰는 이 순간이 너무나 기쁘고, 영광이자 소중한 시간이었습니다. 다만, 저의 부족함으로 인해 주님께 받은 사랑을 이 글에 모두 담아내지 못하진 않았을까, 최선을 다했을까, 하는 죄송한 마음이 듭니다.

　다시 한번 강조드립니다.
　주님께서 이 글은 온 세상에 전하는 마지막 주님의 부르심임을 적으라고 하셨고 주님과 함께 한 작업이었음을 쓰도록 지시하셨습니다. 저 혼자가 아닌 주님과 함께 하였습니다.

이 모든 글은 주님의 구원계획이시며 주님을 알면서도 외면한, 깊이 알지 못한 우리에게 다시 기회를 주신 것임을 저는 분명히 말씀드립니다. 저 또한 주님의 부르심을 받고 일꾼으로 시키시는 일에 함께하게 된 것입니다.

회개하고 하늘나라에 뜻을 두라는 주님의 말씀을 지키며 깨어 있길 빕니다. 지금 눈앞에 보이는 것과 내 안에만 갇혀 있지 말고 주님 안에서 이 세상을 보아야 합니다.

이 글을 만나시는 모든 분들께 주님의 자비와 평화가 함께하길 빕니다. 주님의 무한한 사랑을 받고 영원히 행복하길 기도드립니다.

"이 불쌍한 세상을 위해 기도하여라.
이 불쌍한 사람들이 나를 떠나지 않도록 기도하여라.
나의 진노가 크지 않게 기도하여라.
너희가 받는 이 평화에 감사기도 드려라."

(23. 09. 13. 주님과 나의 대화 중에)

마지막
나의 말

초판 1쇄 발행 2024. 7. 26.

지은이 김도연
펴낸이 김병호
펴낸곳 주식회사 바른북스

편집진행 김재영
디자인 양헌경

등록 2019년 4월 3일 제2019-000040호
주소 서울시 성동구 연무장5길 9-16, 301호 (성수동2가, 블루스톤타워)
대표전화 070-7857-9719 | **경영지원** 02-3409-9719 | **팩스** 070-7610-9820

•바른북스는 여러분의 다양한 아이디어와 원고 투고를 설레는 마음으로 기다리고 있습니다.

이메일 barunbooks21@naver.com | **원고투고** barunbooks21@naver.com
홈페이지 www.barunbooks.com | **공식 블로그** blog.naver.com/barunbooks7
공식 포스트 post.naver.com/barunbooks7 | **페이스북** facebook.com/barunbooks7

ⓒ 김도연, 2024
ISBN 979-11-7263-048-5 03230